BIBLIOTHÈQUE D'ARCHÉOLOGIE AFRICAINE

PUBLIÉE SOUS LES AUSPICES DU

MINISTÈRE DE L'INSTRUCTION PUBLIQUE ET DES BEAUX-ARTS

FASCICULE I

TOMBES EN MOSAÏQUE

DE THABRACA

DOUZE STÈLES VOTIVES

DU MUSÉE DU BARDO

PAR

R. DU COUDRAY LA BLANCHÈRE

PARIS

ERNEST LEROUX, ÉDITEUR

28, RUE BONAPARTE 28,

1897

8° O^3

986

O^3_i

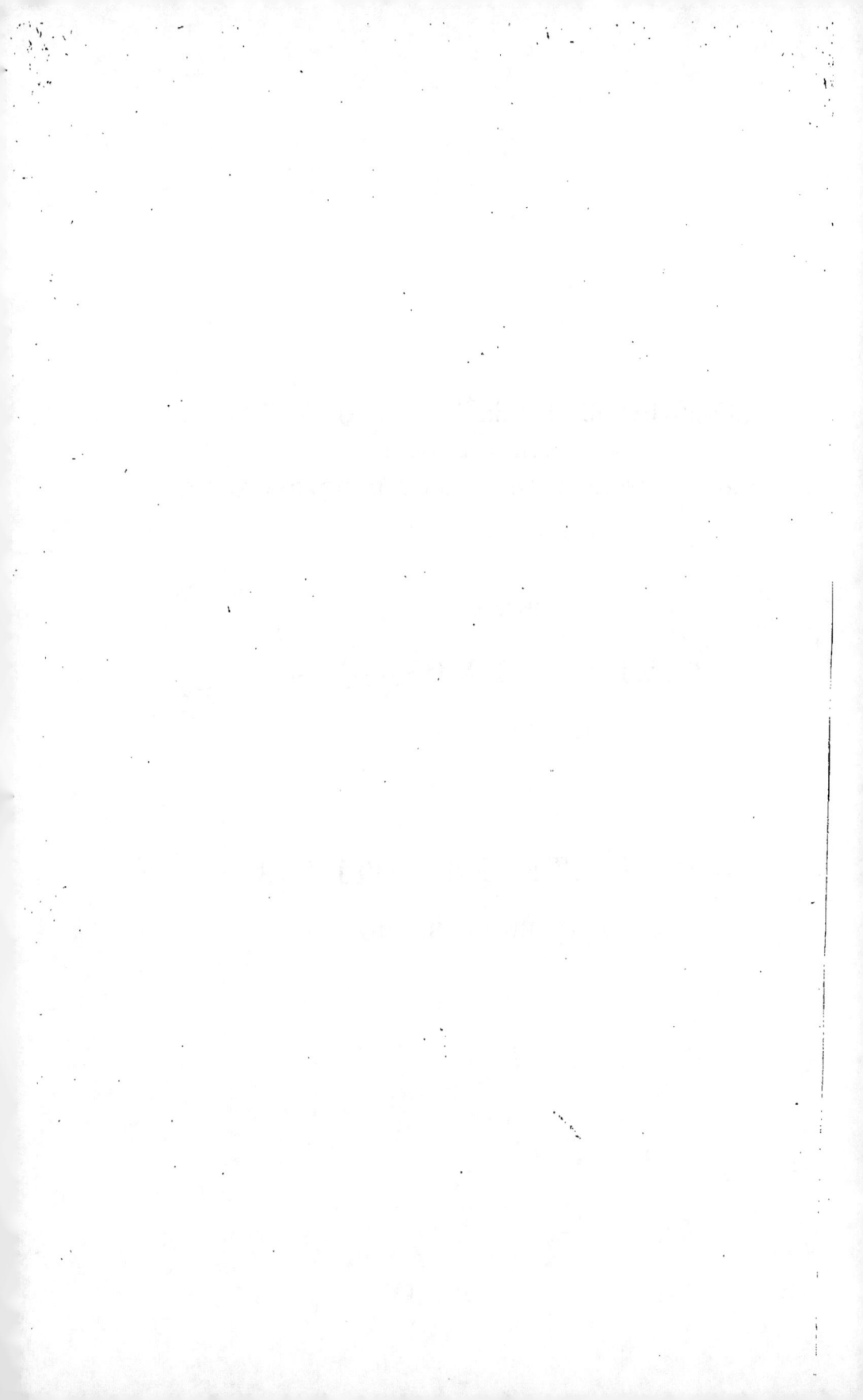

BIBLIOTHÈQUE D'ARCHÉOLOGIE AFRICAINE

PUBLIÉE SOUS LES AUSPICES DU

MINISTÈRE DE L'INSTRUCTION PUBLIQUE ET DES BEAUX-ARTS

FASCICULE I

TOMBES EN MOSAÏQUE

DE THABRACA

86 9

DOUZE STÈLES VOTIVES

DU MUSÉE DU BARDO

ANGERS, IMPRIMERIE DE A. BURDIN, 4, RUE GARNIER.

TOMBES EN MOSAÏQUE

DE THABRACA

DOUZE STÈLES VOTIVES

DU MUSÉE DU BARDO

PAR

R. DU COUDRAY LA BLANCHÈRE

PARIS

ERNEST LEROUX, ÉDITEUR

28, RUE BONAPARTE 28,

—

1897

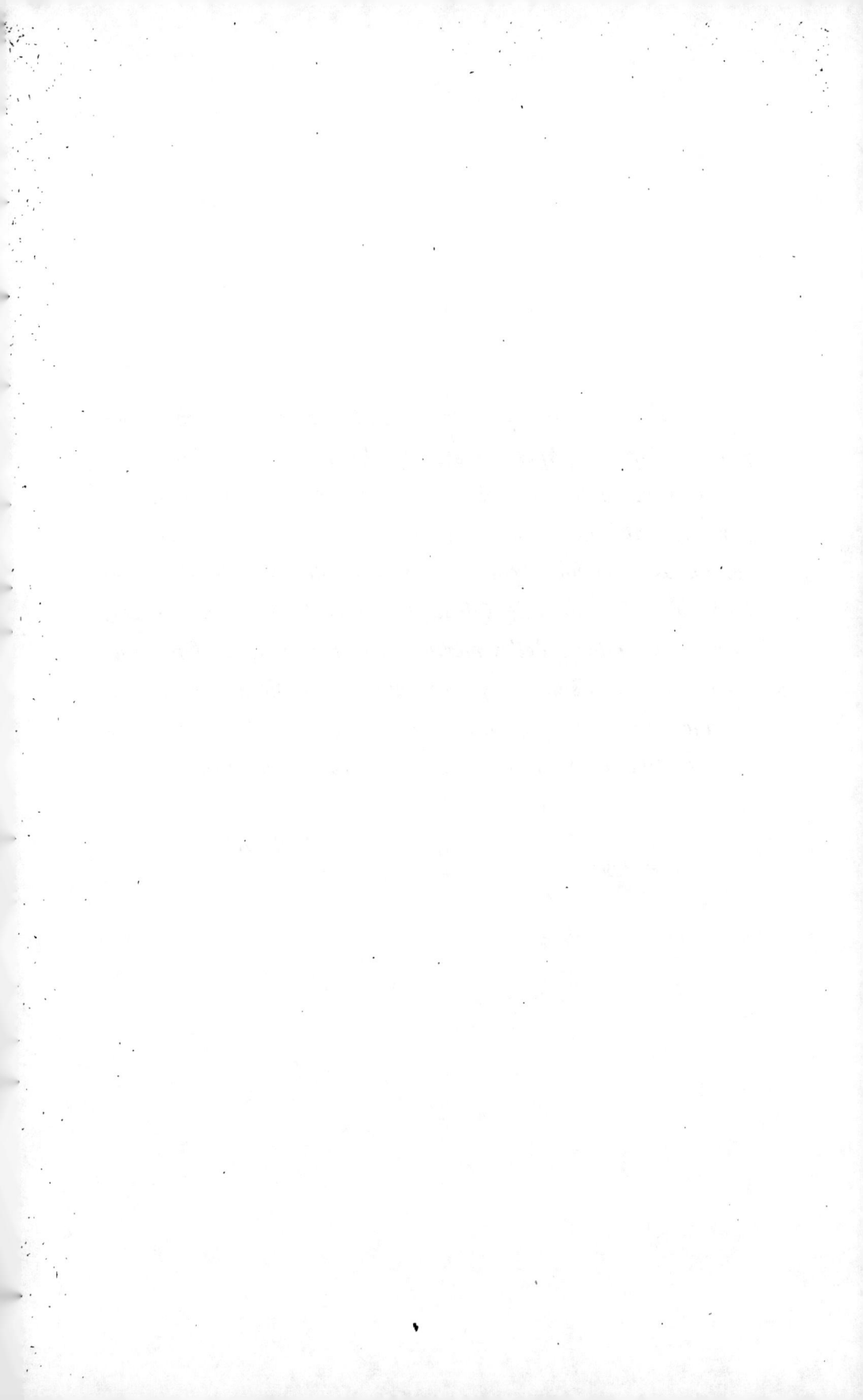

Les deux mémoires qui forment ce fascicule ont été retrouvés par moi dans les papiers laissés par *La Blanchère*. Il les avait écrits en vue d'un second volume des Collections du Musée Alaoui, *dont il avait songé à commencer la publication. Ce projet n'avait pas abouti, pour des raisons indépendantes de lui, et les notices rédigées étaient demeurées inédites dans ses cartons. Il nous a semblé qu'elles méritaient d'être publiées. On n'oubliera pas, en lisant ces pages, que, si La Blanchère en avait corrigé les épreuves, il aurait sans doute apporté des modifications de détail, que je ne me suis pas cru le droit d'introduire.*

R. CAGNAT.

Avril 1897.

I

TOMBES EN MOSAÏQUE

DE THABRACA

TOMBES EN MOSAÏQUE

DE THABRACA (TABARKA)

––––––

L'ancienne Thabraca est un des points de l'Afrique les plus riches en antiquités chrétiennes.

Cette cité est mentionnée dans les conciles. Son nom est signalé, en particulier, à propos de l'affaire d'Apiarius, aventurier ecclésiastique élevé à l'épiscopat par le suffrage des Thabracéniens, vers 426, puis déposé pour ses méfaits, réhabilité par le pape Célestin, évincé de nouveau par le concile d'Afrique. Mais cette cause célèbre, qui mit en conflit le Saint-Siège et la hiérarchie africaine, n'a pas grand'chose à voir avec l'archéologie. Un fait plus intéressant nous a été conservé par Victor de Vite[1]; c'est que Thabraca possédait deux monastères, l'un d'hommes, l'autre de femmes. Cette double fondation était évidemment antérieure à l'invasion vandale[2].

Les lieux de sépulture remontant à l'âge chrétien y sont assez nombreux et riches en monuments. On a exhumé des mosaïques tombales en trois endroits, distants les uns des autres; d'abord, sur les flancs de la colline où se dresse le bordj actuel, ensuite auprès des ruines de la basilique chrétienne, enfin à 500 mètres environ à l'est de cet emplacement. Les mosaïques conservées au Musée et qui sont au nombre d'une soixantaine (39-96 de la section A du Catalogue), proviennent de ces deux derniers cime-

––––––

1. *Hist. pers. Vand.*, I, 32.
2. [Cette page est écrite, dans le manuscrit de La Blanchère, de la main de M. l'abbé Duchesne.] R. C.

tières. A un bout du premier, se trouvaient, auprès des restes
d'une chapelle, ceux d'un enclos fermé d'un petit mur, où toutes
les tombes étaient garnies de mosaïque. Partout ailleurs, une
partie seulement présentait cette décoration. Les cimetières n'ont
été que partiellement fouillés. Quelques mosaïques avaient été
extraites des deux premiers, depuis l'occupation[1], lorsque la
Direction des Antiquités et des Arts, en 1890, entreprit une ex-
ploitation régulière, qui pourrait être encore fructueusement
continuée. Le chantier demeura en activité pendant plusieurs
mois, sous la conduite de MM. Toutain, Pradère et Woog, atta-
chés à la Direction.

Tous les monuments ci-après étudiés viennent du cimetière de
la basilique et du dernier cimetière découvert.

* *

Un rapport imprimé de M. Toutain contient la description des
tombes[2]. Elles étaient placées confusément, sans orientation ni
ordre, composées chacune d'un caisson formé de murettes, parfois bétonnées. Le couvercle était fait de maçonnerie ou de béton,
ou d'une dalle grossière ou de tuiles. Parfois le revêtement de
ce couvercle portait une petite plaque de marbre où était l'épitaphe ; d'autres fois il était en mosaïque ; dans certains cas, l'épitaphe sur marbre était encastrée[3] dans la mosaïque ; très rarement la tombe tout entière était revêtue de cette façon ; un
exemple s'en trouve au Musée[4]. Enfin les sépultures étaient superposées : il y en a depuis six jusqu'à neuf étages aux environs
de la basilique ; le corps du défunt est posé sur le couvercle de
la tombe sous-jacente, mosaïque, dalle ou épitaphe, sans aucune
précaution. Les sarcophages sont fort rares : le Musée en pos-

1. *Bull. des Antiquités afr.*, II, 1884 : Rebora et Duchesne, p. 127-129,
pl. VI et VII ; *ibid.*, III, 1885 : Delattre, p. 7-11, pl. III et IV.
2. *Bull. arch. du Comité*, 1892, p. 193-196.
3. Au n° 77 par exemple.
4. *Collections du Musée Alaoui*, pl. VII.

sède deux en plomb, avec les ossements dedans[1]; ils sortent tous les deux du second cimetière.

Les mosaïques chrétiennes de Tabarka sont donc les œuvres d'ouvriers de province, travail courant et ordinaire, sans prétention au grand art, et auquel on tenait assez peu pour ne pas craindre, d'abord de le laisser exposé aux intempéries, ensuite de le cacher, de le salir, de le ruiner. Elles n'en sont peut-être que plus typiques, plus précieuses pour l'étude de la vie des chrétiens africains.

Le Musée possède encore une douzaine d'autres mosaïques extraites de divers cimetières, particulièrement de celui de Taparura (Sfaks)[2], de celui de Leptiminus (Lamta)[3], de celui de Thélepte (Fériana)[4]. La série que ces pièces forment avec nos tombes de Tabarka conduit sûrement depuis le premier âge chrétien jusqu'aux derniers temps de la domination byzantine.

L'affinité entre ces diverses œuvres est grande. La mosaïque de Fériana et celles de Sfaks, où dominent les matériaux naturels, puis les mosaïques de Lamta, toutes remplies de matériaux cuits, mais dont le décor s'inspire des belles traditions de l'école d'Hadrumète[5], rappellent les tombes de Tabarka, parmi lesquelles celles du petit enclos, quoique d'un dessin médiocre, sont encore d'une bonne technique, et se distinguent sensiblement de celles du second cimetière, beaucoup plus barbares comme art.

Celles du premier cimetière offrent deux types principaux.

L'un comporte, en général, un personnage orant entre deux cierges allumés, et souvent, accosté de deux colombes, son épitaphe, une couronne, un monogramme du Christ, et divers autres attributs, parmi lesquels les oiseaux affrontés par couples tiennent naturellement le premier rang. C'est la composition des tombes de Sfaks.

1. *Catalogue du Musée Alaoui*, nos 83 et 86.
2. Nos 29-32.
3. Nos 33-38.
4. No 28.
5. Voy. *Collections du Musée Alaoui*, p. 31-32.

L'autre remplace l'orant par un calice d'où s'échappent ordinairement des roses, et où viennent le plus souvent boire des oiseaux, paons ou colombes, type déjà commun à Lamta.

Enfin, dans un troisième groupe, la faune et la flore paradisiaques, peu fréquentes dans les deux premières, tiennent une place beaucoup plus grande. Il n'y a plus ni orant ni calice; mais, toujours avec les colombes, on trouve la Vigne du Seigneur, l'Agneau, le Coq, la Barque portant la Rose, les Poissons, etc.; accompagnés parfois de dessins uniquement décoratifs.

Les dalles du second cimetière se rapprochent, comme composition, de ce groupe. On n'y trouve guère le grand calice comme personnage principal. Par contre, l'Agneau, les Poissons, le Jardin céleste, les Oiseaux dans les fleurs, les animaux y sont fréquents. Lorsque l'orant y figure, il n'a généralement pas les les cierges près de lui; il est dans le Paradis, avec l'Agneau, au milieu des fleurs.

C'est également dans ce cimetière et dans le groupe précédent, que se rencontrent le plus d'épitaphes où les lignes soient séparées par des traits horizontaux.

On peut dire que le type de ces tombes est fourni par celle du jeune Lollianus (n⁰ 83), comme celui des tombes de l'enclos réservé l'était par celle du jeune Dardanius (n° 39). La différence de composition est frappante. Les divergences d'art ne saisiront pas moins, si l'on rapproche deux dalles représentant le même sujet, par exemple le défunt dans le Paradis : voyez celle d'Abdeu du premier cimetière (n° 64), et celle d'Eupraxius, du second (n° 86).

L'orant, mâle ou femelle, est, dans le premier cimetière, représenté les bras collés au corps, les avant-bras étendus, les mains ouvertes. Une seule fois (n° 56), il est nimbé. Deux fois (n⁰ˢ 68 et 71), il n'est qu'en buste. Dans le second cimetière, il a invariablement les bras levés.

Les cierges sont toujours allumés, plantés sur de petits trépieds. Une seule fois (n° 56), ils sont portés par deux fidèles.

L'épitaphe est presque toujours à la tête de l'orant. Sa teneur ne permet point de douter que celui-ci ne représente le mort. Sans doute ce n'est pas un portrait; et encore n'en savons-nous rien, car il n'y en a pas deux qui se ressemblent, et beaucoup ont vraiment une physionomie des plus individuelles; il a pu y avoir, chez l'ouvrier, quelque intention iconique. Mais en tout cas, le sexe et l'âge concordent toujours parfaitement. Dans les mosaïques au calice, l'épitaphe est le plus souvent au-dessus, c'est-à-dire, comme dans l'autre type, voisine du monogramme.

Celui-ci occupe généralement le centre de la couronne; rarement l'épitaphe prend cette place; plus rarement encore le chrisme est répété. Souvent il manque, surtout dans le troisième groupe, dans le second cimetière et presque toutes les fois qu'apparaît l'Agneau ou le Poisson.

Les colombes, comme partout en Afrique, sont généralement figurées par des tourterelles, que les mosaïstes caractérisent fort bien.

Une chose dont on ne peut douter, c'est l'équivalence voulue du grand cratère ou calice et de l'orant. Ils ne se trouvent jamais ensemble; ils occupent la même place, au-dessous de l'épitaphe et du chrisme; les colombes se posent sur les épaules de l'un comme sur les bords de l'autre. C'est donc bien le fidèle qui ici, comme dans beaucoup d'autres exemples, représente le *vas Christi*.

L'Agneau de nos mosaïques est un mouton d'Afrique à longue queue, et même à grosse queue clairement indiquée sur le n° 69. Sur le n° 64, il porte un collier.

Ce même n° 69 présente un coq, auprès duquel, comme auprès de l'Agneau, est une rose. C'est un symbole de la résurrection assez fréquent sur les tombes chrétiennes des premiers siècles, mais peu ordinaire en Afrique, sauf les cas où il accompagne et caractérise saint Pierre. De même la perdrix du n° 71, et çà et là, d'autres oiseaux d'identification moins certaine.

*
* *

On a toute raison de penser que nos tombes, en y joignant les
six ou sept qui avaient été signalées antérieurement, et dont deux
sont au Louvre, forment une chaîne plus ou moins continue depuis le ıv^e siècle, et peut-être bien le ııı^e, jusqu'au vı^e, au vıı^e
même. Il serait fort intéressant de les dater, au moins relative-
ment. Les circonstances de leur trouvaille n'apprennent, malheureusement, rien. Il saute aux yeux que les sépultures des
étages supérieurs d'un cimetière sont moins anciennes que celles
du dessous ; mais les emplacements sont restreints, et ces différences de dates sont certainement, dans chacun d'eux, peu grandes,
des, étant donné qu'il s'agit, pour la masse, de quatre siècles,
tout au moins de trois. C'est plutôt l'ensemble de chaque groupe,
la succession des lieux de sépulture et des types de mosaïques
qu'il s'agirait de déterminer.

A ce point de vue, le R. P. Delattre a cru pouvoir rapporter
au ve siècle la tombe d'une Cresconia[1], reproduite dans le *Bul-
letin des Antiquités africaines*[2], et qui appartient manifestement à
la même espèce que celles qui forment le premier groupe déter-
miné ci-dessus. En même temps, il publiait une seconde mosaïque[3], qui nous semble faire une excellente transition entre
ce groupe et les deux autres. Elle ne portait certainement pas
d'orante ; comme le bas en est brisé, on ne peut dire si elle avait
le calice ; mais les deux cierges allumés, que le savant religieux
appelle à tort des « torches », accostent la couronne qui renferme le chrisme.

Tout à fait au troisième groupe appartiennent les dalles tombales d'Eventia et de Cardamus[4], qui n'ont que des couronnes,
des poissons, des colombes. Or elles ont été trouvées à côté de la
basilique.

C'est également de la basilique que provient la tombe de Pela-
gius qui est au Louvre, et qui pourrait servir de type au groupe

1. *C. I. L.*, VIII, 17387.
2. *Bull. des Antiquités afr.*, 1885, pl. III.
3. *Ibid.*, pl. IV; cf. *C. I. L.*, VIII, 17390.
4. *Ibid.*, 17388, 17385.

des orants entre deux cierges [1]. Ce groupe, particulièrement dans les couches inférieures de l'enclos réservé, contient des tombes qui ont paru remonter au ıv⁰ siècle ; celle de Dardanius ne peut guère descendre dans le v⁰.

Enfin la dalle d'une Castula [2], qui est également au Louvre, et qui, avec une longue épitaphe, ne montre que l'Agneau et la Barque portant la Rose, ressemble assez aux tombes de Lamta, et surtout à celles de Carthage que le P. Delattre a fouillées. Castula était religieuse, et ne reposait pas dans le cimetière commun. Sa tombe était au pied de la colline du Bordj, où l'on devrait faire d'autres fouilles. De ce côté serait en effet le monastère dont sainte Maxime était abbesse vers le milieu du v⁰ siècle, et qui n'était pas loin d'un couvent d'hommes [3].

Tels sont les indices qu'ont paru offrir à ceux qui les ont étudiées les mosaïques tabarcaines publiées jusqu'à présent. Nous interrogerons maintenant celles qui sont encore inédites. L'art la technique, l'écriture, l'onomastique, la langue des inscriptions, leur style, les sujets représentés, le costume des personnages, sembleraient devoir fournir quelques données chronologiques. Elles ne sont pas toutes très précises.

*
* *

Les caractères tirés des partis-pris artistiques ou de la correction du dessin sont de tous les plus décevants. Ils peuvent tenir à des influences d'école, à des traditions d'atelier, au talent personnel de l'artisan, autant qu'au milieu et à l'époque. L'art africain est tout entier médiocre, toutes ces mosaïques ne sortent que de mains plus ou moins grossières ; il est clair que plus l'ouvrier aura voulu être lui-même, créer quelque chose, inventer, moins il aura décalqué des poncifs, suivi les cahiers de modèles, et plus ce qu'il fait sera mauvais. D'autre part, les gens riches sans

1. *C. l. L.*, VIII, 17389.
2. *Ibid.*, 17386.
3. Vict. Vit., *Hist. persec. Vand.*, I, 10.

doute s'adressaient à de meilleurs artistes. Il est évident, par
exemple, que les tombes de l'enclos particulier sont en général
les plus belles, les plus correctes de dessin, et en même temps
les plus simples de style, surtout dans les couches inférieures :
celles de Jovinus (n° 48), de l'armateur Félix (n° 66), du jeune
Dardanius sont d'un art remarquable, et qui n'est guère inférieur
aux plus belles, et sans doute plus anciennes, des mosaïques de
Lamta ou de Sfaks. A l'autre bout de la série, les dalles du second cimetière sont bien barbares de dessin : composition mala-
droite, trait sommaire, nul soin du modelé, visages négligés,
dépourvus d'expression. tout cela est sans analogue dans les cimetières connus ailleurs, des ive et ve siècles. Quant à la masse
intermédiaire, on jugera de la prudence qu'il faut mettre à dater
ces ouvrages, quand on saura que le n° 81, qui ne présente qu'un
tracé tout géométrique et deux colombes dans un rosier, était
accouplé avec le n° 54, où se voient le cratère d'où sortent des
fleurs avec ses deux colombes, et un chrisme dans une couronne : les deux défunts, Victor et Quinta, étaient mari et femme.

Les indices tirés de la technique sont plus précis, mais ne le
sont pas beaucoup. Ce n'est que tout à fait en gros qu'on peut
dire que l'abondance des matériaux cuits, des smalts, surtout
des verroteries, est un symptôme de moindre antiquité. Cela
peut être vrai dans les premiers âges, quand ces matières, encore
nouvelles, entrent dans la pratique courante, d'autant plus qu'on
ne faisait alors que peu de mosaïques murales, et qu'un lithos-
trote doit se construire de manière à pouvoir durer. Or, il s'agit
ici, non pas de beaux morceaux, œuvres d'exception pour lesquelles on appelait des artistes célèbres, mais d'une fabrication
purement industrielle, qui n'a, pendant des siècles, jamais cessé
de produire, au jour le jour; et ces siècles sont tous postérieurs
au temps où les matériaux cuits font invasion partout. La soli-
dité ne devait pas, d'ailleurs, préoccuper outre mesure les auteurs de pareils couvercles, qu'allait cacher, quelques années
après, une nouvelle couche de sépultures. Ce qui est sûr, c'est
qu'à Lamta, nous avons trouvé, contiguës, des dalles où les pâtes

sont encore assez discrètement employées, et d'autres où le verre
même abonde. A Tabarka, les tableaux de bon style n'ont en
général point de verres; plusieurs même, tel le Dardanius, n'ont
que des matériaux naturels, comme les mosaïques de Sfaks.
Dans le premier cimetière, les couches supérieures présentent
des verres, et toutes les couches sont riches en smalts, en cubes
de terre cuite; la pierre, le marbre, les tessons, et, semble-t-il,
même les feuilles métalliques — on a cru que le Félix du n° 49
avait des cubes argentés — tout y est employé : c'est le plein épa-
nouissement de la technique populaire africaine, qui fait flèche
de tout bois. Dans le second cimetière, les produits du four dominent, la verroterie est partout; le marbre est presque absent,
les matériaux naturels se réduisent, pour ainsi dire, à la pierre
calcaire. Mais, si ces indications sont sérieuses, elles n'ont rien
de trop absolu. C'est que nous avons sous les yeux, — il est du
moins naturel de le croire, — à chaque époque des tombes de
prix divers. Le n° 49 avec ses paons, tout rutilant, fait d'émaux
et de marbres, était un ouvrage de luxe; et la dalle du vieux
Sterculus (n° 46), où le champ est en pierre calcaire, presque tout
le dessin en cubes de tuileau, est un travail à bon marché : on
n'est pas obligé de croire que de longues années les séparent.

Les indices tirés de l'écriture ne sont jamais très concluants
dans les inscriptions mosaïques. Ces monuments ont toujours conservé un caractère assez voisin de l'épigraphie des bons siècles,
non par recherche de correction, — c'est une préoccupation qu'à
Thabraca l'on n'avait guère, — mais peut-être parce que les
lettres de vieux style sont plus faciles à reproduire pour les
moyens du mosaïste. Ceux-ci s'accommodent assez mal des bri-
sures, des pointes, des contorsions de l'écriture décadente; la
cursive et l'onciale, qui envahissent les textes lapidaires, seraient
encore plus malaisées à exécuter en grosse mosaïque. L'alphabet classique, au contraire, n'offrait pas de difficulté : on n'avait
qu'à le traduire, comme diraient nos typographes, de capitales
romaines en capitales doriques. C'est en somme cet alphabet,
tel qu'on l'écrivait en Afrique, que nous présentent à peu près

toutes les tombes de Tabarka ; ce n'est qu'accidentellement que l'on aperçoit une forme caractéristique des bas-temps.

L'onomastique, d'ailleurs banale, de tous ces textes, n'a pas de valeur chronologique. Si vraiment le nom en *orix* qui paraît avoir existé au n° 91 se rapportait à l'époque vandale, il n'y aurait là rien que de naturel : ce serait encore le passage du ve siècle au vie. A un autre point de vue est à noter le nom de Suzanne, qui a été signalé [1] comme fort rare en Occident, et qui se rencontre ici avec le surnom Lolliana (n° 90). *Lollianus* et *Lolliana* sont très fréquents ; les autres noms un peu particuliers, *Quodvultdeus*, *Abundantia*, *Adquisitor*, *Adeodatus*, *Monnosa*, sont communs parmi les chrétiens d'Afrique. On notera l'abondance des *Januaria*, et deux fois au moins le nom très païen de *Jovinus*. Les trois seuls noms vraiment rares paraissent être *Abdeu* [2] (n° 64) ; *Amicorum* (n° 62) ; et *Inodurius* (n° 87). Dans l'enclos particulier, se trouvent deux *Sterculus* (46 et 55). Le nom d'*Amicorum* est si étrange qu'il permet toutes les suppositions ; ce mot se rencontre souvent dans des formules laudatives appliquées aux défunts, *dignitas amicorum* [3], *gemma amicorum* [4]. Il ne serait point impossible que le mosaïste eût omis ici le nom même et le commencement de la qualification, soit une ligne de l'épitaphe qu'on lui avait fournie. Sterculus, à ne pas confondre avec *Stercorius*, nom d'humilité [5] qui se trouve autre part, est encore un nom de dieu du paganisme.

La langue et l'orthographe ne fournissent aucun jalon pour la chronologie. Les fautes sont innombrables ; on voit bien que, très probablement, beaucoup des ouvriers mosaïstes étaient entièrement illettrés ; les rédacteurs des épitaphes étaient aussi fort ignorants. Les omissions, les transpositions, les permutations,

---

1. *Instructions du Comité* : Le Blant, *Épigraphie chrétienne*, p. 91-92.
2. C'était peut-être un *Abdeodatus*, dont le mosaïste aura escamoté la fin, ou plus probablement un *Habetdeus*. Ce dernier nom, connu d'ailleurs par les inscriptions (*C. I. L.*, X, 1539), a été porté par plusieurs évêques d'Afrique (voir Morcelli, *Afr. christ.*, I, p. 303-313 ; III, p. 213, etc.).
3. Fabretti, *Inscr. domesticae*, VIII, 115, 125.
4. Sidon. Apoll., *Epist.*, IV, 22.
5. Le Blant, *op. cit.*, p. 95-96.

les confusions de lettres abondent. On trouve *vixsit* (87 et 67);
vexsit (50); *vicsit* (86 et 43); *vicxit* (42, 72 et 91); *innoces* (61), et
innocius (42); *queinta* (93); les ablatifs *pacei* (80), et *recquae* =
requie (68). Quodvultdeus est écrit *Covuldeus*, 41, et *Quobuldeus*
(70). Mais ce sont là des erreurs ordinaires à toutes les inscriptions
chrétiennes, et mêmes païennes des bas-temps, en Afrique. On
notera seulement ici celles qui peuvent, en quelque manière
trahir la prononciation des gens du peuple à ces époques : *pacae*[1]
(73); *Adeudatus* = Adeodatus (43); *Haostina* = Faustina ou Augustina (57); *Bictor*[2] = Victor (54); *Repostus* = Repositus (94);
et par contre *Istercolus* = Sterculus (46), et peut-être, au n° 47
Smaragadus = Smaragdus. Quelques noms même sont si défi-
gurés qu'ils deviennent méconnaissables, comme au n° 80[3]. Mais
tout cela est ordinaire, et ne date pas, à un siècle près, une seule
de nos inscriptions.

Rien non plus à conclure de leur contenu. La formule est très
simple, uniforme : le nom du mort, et *in pace*, rarement *et requie*;
souvent une épithète, qui est *dulcis* ou *innocens*. L'indication du
nombre des années vécues est peu fréquente, sauf peut-être pour
les enfants. Une seule fois on lit : *vixit pie*, une autre fois *senex*;
les cas où il y aurait quelque chose de plus (n°s 62 et 80), prêtent
au doute. Il faut bien se regarder d'inférer quoi que ce soit,
surtout au point de vue chronologique, de cette uniformité de la
formule. Il y a eu des modes locales, qui font se ressembler les
épitaphes d'un même cimetière, sans qu'aucune intention mystique, liturgique ou autre se cache sous cette similitude. L'épithète
fidelis[4], commune sur d'autres tombes africaines, presque de
style sur celles de Carthage, et qui indiquait le chrétien baptisé,
entièrement entré dans l'Église, n'existe ici pas une seule fois.

---

1. Le Blant, *op. cit.*, p. 82.
2. *Ibid.*
3. On pourrait supposer *Victor(i)o dulci cojug(i) in pacei,* si les épitaphes au
datif n'étaient complètement absentes des cimetières tabarcains. Il est possible aussi, et peut-être probable, que le mosaïste se soit embrouillé là dans
une formule qui portait à la fois *dulcis* et *innocens*. [Voir Append., n° 57.] R. C.
4. Le Blant, *op. cit.*, p. 86-87.

Celle d'*innocens*[1], qui est fréquente, ne peut pas désigner spéciale-
lement l'enfance ; on la voit, notamment au n° 67, accompagnée
de la mention d'une vie évidemment longue.

Si l'on possédait un plus grand nombre de sépultures chrétiennes à figures, et surtout à tableaux mosaïques, et relevées
dans les divers pays de l'ancien empire romain, on pourrait peut-
être tirer de l'apparition de chaque sujet quelques dates, au
moins relatives ; mais, en dehors des catacombes, on n'a pour
ainsi dire nulle part d'ensembles aussi abondants que ceux des
cimetières africains, que celui notamment que nous étudions.
Les orants, surtout isolés, ne sont pas sur les tombes extrêmement communs : on ne les voit guère qu'en Afrique régulière-
ment accostés de deux cierges. La substitution du canthare à
l'orant est difficile à regarder comme indice d'une époque : dans
le premier cimetière on l'observe un peu partout, et capricieusement, semble-t-il. Les autres attributs ne paraissent pas tenir à
un âge plutôt qu'à un autre ; ce sont particularités qu'il importe de signaler, mais qu'on serait hardi de prétendre expliquer
dès maintenant. La colombe appartient à tous les siècles, du iv^e
au viie ; le vase, le poisson sont du ve et du vi^e. Les orants, sur
les monuments, ont aussi souvent les bras levés qu'étendus ; c'est
dans cette posture, d'ailleurs, que l'on terminait la prière.

L'indice le plus concluant pourrait être la forme du chrisme.
La plus ancienne est, comme on sait, celle qui comporte six branches ; celle qui n'en présente que quatre ne remonte pas plus haut
que l'invention de la croix ; l'adjonction de l'α et de l'ω est d'une
époque plus récente. Mais si la plupart de nos tombes sont,
comme il le paraît bien, du ve et vi^e siècle, nous atteignons, surtout dans celui-ci, un âge où ces diverses formes sont singuliè-
rement confondues. Ajoutons que, dans le second cimetière, on
ne relève pas de monogramme. Il faut donc beaucoup de prudence dans l'usage de cet indice.

---

1. On trouve, autre part en Afrique, à Madaure, un *vir innocens* (*C. I. L.*,
VIII, 4756) ; mais c'est un païen. Un autre *innocens*, dans Marini, *Coll. Vatic.*,
t. V, 183, 3, est âgé de vingt-sept ans.

On remarquera, chemin faisant, que les orantes, sauf une
(n° 60), n'ont point la tête voilée pour la prière, comme on le voit
si souvent sur les sarcophages. Mais faut-il en conclure quelque
chose. Dans un cas où deux défuntes ont reposé sous la même
épitaphe, une seule orante accompagne celle-ci (n° 63).

On a déjà parlé du costume de nos personnages qui est général
dans l'empire, du ive au vie siècle; on a signalé le fait curieux
que certaines populations berbères ont conservé presque entièrement cet habillement masculin. L'habillement féminin s'est
retrouvé, sur des monuments païens d'Afrique, au iiie siècle, au
iie, probablement depuis le ier. Sauf des détails de mode imper-
ceptibles pour nous, et auxquels tiennent peut-être les différences
dans la chaussure, dans la rayure des étoffes, dans la grandeur
et le dessin des *calliculae*, dans le nombre des raies des *clavi*,
dans la dimension de l'*orarium*, le costume semble être resté le
même jusqu'à l'invasion barbare. Sur les tombes de Tabarka, il
ne présente pas, pour les deux sexes, de différences très profondes,
au premier coup d'œil; parfois même, quand l'épitaphe ne laisse
plus lire le nom, on demeurerait embarrassé; une seule, en effet,
des figures est barbue, le n° 68.

Voici quels sont les traits généraux :

Tous les personnages, hommes et femmes, paraissent avoir
une tunique de dessous, dont le bord s'aperçoit au cou (39, 48,
60, 70), dont les manches étroites sont visibles aux poignets
(40, 41, 56). Cette tunique, véritable chemise, est courte; sur les
tableaux du second cimetière, où deux jeunes garçons l'ont pour
seul vêtement (83, 86), elle va, une fois, jusqu'à mi-jambes,
l'autre fois seulement aux genoux; dans ces deux cas elle est
garnie d'une bande ou paragaude qui descend des épaules et passe
sur le devant, un peu au dessus du bord inférieur; les deux fois,
elle est de couleur et ornée de rayures, comme celle dont le bord
supérieur apparaît au cou du n° 41. Deux filles, les nos 42 et 61,
n'ont, l'une que ce vêtement, l'autre que lui et un manteau qui
en laisse voir une bonne partie : il est blanc; il paraît l'être aussi
dans quelques autres représentations féminines, telles que 85, ou

masculines, telles que 46, 48, 70. Dans le n° 41, la tunique de couleur semble superposée à cette chemise blanche à manches, qui n'en aurait, sans doute pas, semblable en cela à la « gandoura » des pâtres actuels du pays.

Par-dessus la tunique, les hommes portent le *colobium* aux couleurs vives, dont l'analogie avec la « kechabia » des Mozabites modernes a déjà été remarquée. C'est un sac, où deux fentes latérales permettent le passage des bras. Il est, presque sans exception, orné de *calliculae* aux épaules et en bas, et de deux *clavi*, à deux ou trois bandes qui vont des épaules jusqu'en bas par devant. Il descend généralement aux chevilles, parfois seulement jusqu'aux mollets (64). Les n°s 48, 70 et autres portent un manteau, *penula*, qui paraît ouvert en pointe sur la poitrine, ou croisé par dessus le vêtement, tunique blanche ou *colobium*. Enfin, le n° 56, qui a bien cependant l'air d'un homme, a pour habit une vraie dalmatique à larges et courtes manches, habit qu'on voit généralement ici sur les femmes.

Cette robe, que montrent par exemple les n°s 51, 63 et 85, le premier avec une ceinture, le second avec des manches énormes qui retombent jusque vers les genoux, n'est pas le seul accoutrement de ce sexe. On lui voit aussi le manteau croisé sur une tunique talaire blanche (42). On lui voit même un *colobium* analogue à l'habit des hommes (40 et 61), si ce n'est pas la simple tunique blanche dont il a été parlé tout à l'heure. Ces deux jeunes filles le portent décoré de deux bandes de couleur descendant des épaules en bas, et d'une troisième les joignant en travers de la poitrine, comme dessinant sur la gorge une manière d'empiècement. La coiffure des femmes n'a rien de particulier, au moins par devant, seule partie visible dans ces reproductions; elle est simple et sans ornements. Par contre, les colliers sont fréquents, et, semble-t-il aussi, les bracelets. La dalmatique est plus variée dans sa décoration que le *colobium*. Une fois seulement (63), on lui voit des bandes sur le devant, mais toujours elle a des rayures, des nuances entremêlées, et même sur le n° 51, une ornementation toute de fantaisie.

Les deux sexes portent toujours des souliers fermés, qui sont de toutes couleurs, même rouges ; et il ne faut pas voir dans ce cas aucune préoccupation de chaussure de pourpre : les personnages les plus insignifiants, des enfants même, présentent ce détail.

Presque tout le monde enfin a l'*orarium*, sous forme d'une écharpe, large et garnie de franges, que les deux sexes mettent sur les épaules, aussi bien avec le *colobium* qu'avec la dalmatique. On n'en voit dépourvus que les gens enveloppés des manteaux, et occasionnellement quelque autre. Il est le plus souvent blanc ; c'était en effet une pièce de linge. Mais parfois, il est de couleur, ou brodé (39, 51). Tantôt il est ployé en long, et figuré par une étroite bande qui passe derrière le cou et tombe par devant ; tantôt il est moins serré, et s'étale (51). D'autres fois, il est enroulé à plusieurs tours, ou noué par devant, à la façon de nos cache-nez, par exemple au n° 64 ; ailleurs enfin, entièrement déployé, il sert de voile sur la tête et de guimpe sur le corsage, comme au n° 60.

Si l'on rapproche les indications, malheureusement peu concluantes, que cette analyse a données sur l'âge de nos monuments, on arrivera à penser que le grand nombre est du v⁰ siècle. A cette époque, appartiennent sans doute toutes les couches supérieures du premier cimetière et la plupart des tombes découvertes, là ou ailleurs, avant la fouille de 1890. Quelques-unes cependant offrent certains indices d'une fabrication plus ancienne, et qu'on peut hardiment reporter jusqu'au iv⁰ siècle. Le second cimetière, manifestement différent, est-il plus ou moins ancien ? On peut douter ; nous inclinons à croire qu'il est en masse plus récent, bien que sans doute son point de départ soit aussi vers le v⁰ siècle. Ainsi l'âge de tous ces tombeaux s'échelonnerait probablement entre le iii⁰ et le vii⁰, n'empiétant guère, croyons-nous, sur celui-ci ni celui-là.

L'intérêt de ces mosaïques est, en somme, tout dans leur ensemble. Il serait bien plus grand encore, si l'on attaquait méthodiquement, et avec l'intention spéciale d'établir leur succession,

2

les divers cimetières de cette ville, et toutes les couches de chacun d'eux. Aucun ne paraît épuisé ; ce sont des carrières ouvertes ; il serait fort à désirer que le travail des jeunes fouilleurs de
1890 fut repris et suivi avec une grande rigueur. On tourne un
peu dans un cercle vicieux lorsqu'on prétend ranger ces mosaïques
d'après des indices purement archéologiques ; en effet, l'âge des
particularités que l'on accepte pour caractéristiques n'est presque
jamais fixé d'autre part par une date écrite ; ce sont les circonstances mêmes de la découverte des pièces qu'il s'agit de classer,
qui sont censées nous le fournir. On rendrait certes un grand
service à l'archéologie chrétienne d'Afrique en donnant une base
sérieuse au classement chronologique de cette longue série de
monuments. Il faudrait d'abord remettre la main sur le cimetière
des *puellae* dont on ne possède qu'une dalle, et qui offrirait
sûrement des souvenirs pleins d'intérêt. Et surtout il faudrait
profiter de l'avantage précieux qu'offre la superposition de tant
de couches de tombes. Nulle part on ne le trouvera dans des
conditions pareilles ; et l'on pourra, nous n'en doutons pas, sai-
sir là un fil conducteur pour l'établissement des dates.

*
* *

Quoique pas un des tombeaux découverts ne montre avoir appartenu à un clerc, à un homme public, à un personnage important, il y en a trois cependant qui méritent un examen spécial.

[L'inscription qui paraît la plus intéressante est celle qui porte
le n° 82.

PORTESI-⳨SIINPAC
EINOCESINOMINEM
ART   VR

Port(u)e(n)si(s)? in pace in(n)oce(n)s in (n)omine martur(um).
Elle est à rapprocher de l'épitaphe vue à Rome par Boldetti[1] :
*Ruta omnibus subdita et atfabi | lis bibet in nomine Petri | in
pace* (chrisme).

---

1. *Osservazioni*, p. 388.

Placer ainsi les morts sous la protection des saints était chose ordinaire, comme le montre l'inscription suivante [1] :

Domina Basilla com | mandavimus tibi Cres | centinus et Mi-cina | filia nostra Crescen | que vixit men. X et des.

Et cette autre [2] :

... | martires sancti, in mente ha | vite Maria.

Le même espoir d'un patronage semble avoir fait placer, ainsi que nous le voyons souvent sur les marbres, inscriptions ou sar-cophages, les figures de saint Pierre et de saint Paul. Ainsi pour-rait s'expliquer la mosaïque n° 56, où l'on voit un personnage nimbé dans l'attitude de la prière et dont le type ne rappelle en rien celui du Christ, que l'on ne voit jamais, d'ailleurs, représenté en orant. Il pourrait s'agir ici de saint Étienne ou de saint Lau-rent, si vénérés en Afrique. Le nom de ce dernier a été inscrit, sans doute pour invoquer sa protection, en tête de cette épitaphe romaine [3] :

α (chrisme) ω | *Sancto martyri Laurentio | Julia exibit III kal. oct. dep. kal. ss..*

Les personnages tenant des cierges que l'on voit au bas de la mosaïque seraient deux survivants priant pour le mort, comme on en trouve souvent représentés ainsi, de petite taille, sur des sarcophages, entre autres sur celui de Dellys [4]].

La Primula du n° 85 paraît aussi avoir un nimbe. Ce serait un cas bien singulier, cet attribut n'appartenant pas aux simples mortels. Mais il est fort possible que ce soit seulement l'*orarium*, passé autour de la tête comme un voile et repassant devant la gorge, ainsi qu'on le voit clairement dans le n° 60. Il convient aussi de noter que le n° 56 est, de toutes nos tombes, la seule anépigraphe.

Le troisième monument curieux, le n° 66, l'est à un autre point

---

1. Jacutius, *Bonusae et Mennae titulus*, p. 51.
2. Marchi, *Illustrazione d'una lapide cristiana Aquilejese.*
3. Bosio, *Roma sotterranea*, p. 209.
4. [Le passage entre crochets est, dans le manuscrit de La Blanchère, de la main de M. Le Blant.] R. C.

de vue. C'est un assez bel ouvrage, solide, qui a bien résisté, et
qu'on peut comparer aux meilleures mosaïques tombales africaines. Il appartient au type où le calice d'où partent de grandes
branches de rosier et où boit une colombe, remplace le personnage orant au-dessous de l'épitaphe et du chrisme ; celui-ci, qui
a ses branches et est accosté de l'α et de l'ω, est à l'intérieur
d'une grosse et riche couronne, dans un compartiment cantonné
de quatre roses. Mais l'objet le plus important, c'est un navire
voguant toutes voiles ouvertes — au milieu des roses, d'ailleurs,
— entre l'épitaphe et le calice, au centre de la composition, avec
une colombe perchée sur sa poupe. L'épitaphe explique sa pré-
sence. Elle porte les mots suivants : *Felix in pa|ce vix(i)t ann(iş)
IXXV | ; navicularius | ab oriis Sernis.* Le défunt est un armateur,
et sans doute un homme à son aise ; car il repose dans l'enclos
réservé auprès de la chapelle, hors du grand cimetière, dans une
série où ne se trouvent guère que des sépultures assez riches.
Néanmoins l'épitaphe présente quelques lapsus du rédacteur ou
de l'ouvrier : à la ligne 2, le premier chiffre est mal écrit : il
faut lire : *LXXV* ; à la ligne 4, il doit manquer des lettres : nous
proposerions la lecture *Ser(via)nis.* Les *oriae* ou *horiae* sont des
bateaux de pêche, nous disent les auteurs [1], et l'épithète *Ser-
vianae* indique sans doute la compagnie, le propriétaire, le service, pour lequel armait ce Félix. Il serait vain de prétendre
voir dans le bâtiment figuré une *oria* ; c'est le navire traditionnel
des monuments funèbres. Toutefois, et comme nouvel exemple
des survivances de l'antiquité en Afrique, on ne peut s'empêcher
de remarquer combien ce type rappelle le « kareb » des indi-
gènes de Tunisie, issu lui-même du *carabus* antique, le caravo
espagnol du moyen-âge ; le kareb a exactement la mâture, la
voilure de l'antique ; le gouvernail à deux pales a disparu ; mais
l'étrave, mais la préceinte qui a l'air de séparer le bateau en
deux parties superposées, la superstructure de l'arrière, tout
semble dérivé du modèle ancien [1].

---

1. Nonius, 533, 20 : *Horia navicula piscatoria.*

Parmi les mosaïques du second cimetière, les deux qui recou-
vraient des sarcophages de plomb (83 et 86), sont les plus caractéristiques. La première est intéressante par la variété des mo-
tifs. Son registre supérieur montre le Bon Pasteur[1], au milieu
de son troupeau, sa brebis sur les épaules, et un cheval attaché
à un cyprès. Ce dernier emblème symbolise l'arrivée du chrétien
au terme de sa carrière; *cursum consummavit*, dit saint Paul[2].
D'autres monuments sépulcraux présentent le même cheval se
hâtant vers le but[3]. Au dessous sont les deux oiseaux. Enfin,
dans un dernier registre figure une senne, en grande partie
détruite, mais dont les bouts et les cordages subsistent, et devant
laquelle fuient des poissons.

1. F.-A. Hennique, *Les caboteurs et les pêcheurs de la côte de Tunisie*, p. 9-
15 et pl. IX.
2. Paul, II *Ad Tim.*, c. ɪv, 7. Le verset entier était appliqué à saint Martin,
Le Blant, *Instructions du Comité : épigraphie chrétienne*, p. 111.
3. *Musaei Kircheriani Inscript.*, Milan, 1828, n° 268.

APPENDICE

———

[Comme appendice à ce mémoire, nous avons cru devoir joindre le texte de toutes les inscriptions chrétiennes trouvées à Tabarka au cours des fouilles du Service des Antiquités et des Arts en 1890. M. Toutain qui a conduit en grande partie ces fouilles et qui avait pris note de toutes les épitaphes, même de celles qui ont aujourd'hui disparu, a bien voulu se charger de les transcrire ici. Les numéros entre crochets, dont presque chaque inscription est précédée, sont ceux du *Catalogue du Musée Alaoui* (1ʳᵉ section, A). Celles où ce numéro manque ne sont pas exposées dans cette collection]. R. C.

La plupart des épitaphes chrétiennes trouvées à Thabraca se lisent sur des dalles de tombe en mosaïque; quelques-unes étaient gravées sur des plaques de marbre.

1° *Tombes en mosaïque.*

1 [64].   A B D E ✗ V D V C (*sic*)
      C I S   I N P A C E

Abdeu(s) dulcis in pace.

2 [51].   A B V N D A N T I A
        I N P A C E

3 [59].   A B V N D A N T I
        I N P A C A E (*sic*)

Abundanti(a) in pace.

4 [43]. A D E V D A T V S I N
      P A C E V I C S I T A
      N N I S T R E S E T D I E S
           X V

5 [62]. A M I ᴘ C O R V
     I N N O C E ✗ N S I N P A
          C E

?Amicoru(m) innocens in pace.

6 [50]. APRILES IN (sic)
PACE VEXSSIT (sic)
ANNOS LXX

Aprilis in pace vexssit annos LXX.

7. ART ☧
VSDV
CIS IN PACE

Art[emi]us? du[l]cis in pace.

8 [76]. ATQVISIT
OR IN PACE

9 [54]. BIC⌒ÁSAM (sic)
VRI DVLCIS
IN PACE

Bic[to]r Samuri (filius) dulcis in pace.

10 [58]. BONIFATIA DV
LCIS IN PACE

11. BVRDORENA
CONPVLTAIN
SO

Burdorena conpulta??

12. CANP//////////
RI IN//////////

Camp[esis.....] ri? (filius) in-[nocens ou in (pace).]

13 [41]. COV VLDE
VS
IN P AᶜE

Covuldeus (pour Quodvultdeus) in pace.

14. COVVLDEVS
IN PACE

15 [61]. CRESCENTI
A INNOCE
S IN PACE

Crescentia innoce(n)s in pace.

16 [39]. DARDA-ṔANIVS
INNO CES
IN PA CE

17. ERACLVS
DVLCIS
IN PACE

18 [86]. EVPRAXIVS
IN PACE VIC
SITANNVII

Eupraxius in pace vicsit ann(is) VII.

19 [63]. FELICITAS IN PCE (sic)
VICTORIA IN PACE

Felicitas in p(a)ce. Victoria in pace.

20 [66]. FELIX IN PA
CE VIX ANIXXV
NAVICVLARIVS
AB ORIIS CERNIS

Felix in pace vix(it) an(nis) LXXV. Navicularius ab oriis cernis.

21 [49]. FELIX DVL
CIS IN PACE

22 [71]. FORPVNA (sic)
TVS PALIA
RICVS IN P
ACE

For[t]unatus [B]al[e]aricus in pace.

23 [45].   FŌRTVNATA (sic)
IN PACE
24.   G A R D A
MVS IN PA

Gardamus in pa[ce...].

25 [57].   HAOSTINA DVL
CIS IN PACE

Augustina ou *Faustina dulcis in pace.*

26 [88]. ANVARIA IN PACE
VIXIT ANNIS VII M
XI DIEBVS XIIII

[J]anuaria in pace vixit annis VII, m(ensibus) XI, diebus XIIII.

27. [53].   I A N V
ARIA
INNOCEN
S IN PA
·CE

Januaria innocens in pace.

28.   ILARI   TAS
D V L   CIS
IN PA   CE

Ilaritas dulcis in pace.

29 [65].   INNOCENS
IN PA   CE

30 [44].   IN
I N N O
CENS IN
PACE

In.....? innocens in pace.

31.   NOCES
N PACE

[In]noce(n)s fi[delis i]n pace?

32 [87].   VD IV
A IN PACE VIXS
ITA IS D VO
INODVRIVS IN P
VIXIT ANNIS XII
ONTIANA INN
ANNIS DVO

?... a in pace vixsit annis duo. Inodurius in p(ace) vixit annis XII?. [P]ontiana inn[ocens in pace]? (vixit) annis duo.

33 [48].   I O V I N
DVLCIS IN PACE

Jovinu[s] dulcis in pace.

34 [46].   I S T E R C O
L V S S E N E X
DVLCIS IN PACE

Istercolus senex dulcis in pace.

35 [89].   LOLIANVS
IN PACE

36 [83].   LOLLIANVS
IN PACE

37 [72].   LOLIANVS
IN PACE
VICXIT
NNIS
MIN

Lolianus in pace vicxit [a]nnis [plus] min[us]...

38 [93]. MANILIA RESTVTA
X M IIX

Manilia Restuta [vixit in pace annis]X, m(ensibus) IIX (8).

39 [69]. M O N N O
SA IN PACE
VIXIT AN
XXVI

40 [78]. M V N E
RIVS IN P

Munerius in p(ace).

41 [82].
PORTESI-ꝀSI IN PAC
E INOCES I NOMINE M
ART VR

*Port(u)e(n)sis (?) in pace in(n)o-
ce(n)s i(n) nomine martur(um).*

42 [85]. PPIMVLA D (*sic*)
VLCIS IN PACE

P[r]imula dulcis in pace.

43 [75]. PI⬛V⬛
I ARIV⬛
IN PACE

*Pr(imul)u(s) Janu(arius)? in
pace.*

44 [81]. Q V L I N T
A D V L
CIS IN
P A C E

Qulinta(?) dulcis in pace.

45 [70]. ⬛VOD⬛VI⬛
⬛VS IN A⬛
⬛ V⬛
⬛N PAC⬛

*[Q]uod[v]ul[tde]us inn[ocens]
v[ixit i]n pac[e...*

46 [94]. ☧
R E P O S T
VS DVLCI
S IN PACE

Repostus dulcis in pace.

47. ⬛ITVT⬛
I N P A C E
[Rest]itut[us] in pace.

48 [73]. R E S T V S
P R I M V L
AE IN PACAE (*sic*)

Restus Primulae (filius) in pace.

49. R E S T V T V S
I N P A C E
⬛IXIT⬛
⬛⬛

Restutus in pace [v]ixit (annis...).

50. SENEX⬛T INNOCENS
SII⬛INOC
FVIT IN ⬛LI SECVLO
ISS EX DIEB
FIDELISE
SINCRI

*. . Senex [e]t innocens...? in(n)o-
c(ens) fuit in [ta]li seculo [... s]ex
dieb(us)... fidelis e[t devotu]s in
Cri[stum?].*

51 [68]. SE⬛NVS
DVLCIS IN
PACE IT REC
QVAE

*Se[cundi]nus ou Se[veri]nus dul-
cis in pace et recquae (=requie).*

52 [47]. ⬛ᴠARACA
⬛VS DVL
CIS IN P
⬛CE

?[Sm]araga[d]us dulcis in p(a)ce.

53 [92]. STANTIVS

54 [55]. STERCVLVS
I N P A C E

55 [90].

    SVSSANNA QVE ET
    LOLLIANA IN
    PACE

Sussanna qu(a)e et Lolliana in pace.

56.   VICTOR FRV▧
    CA IN PACE▧

Victor Fruga(lis)? in pace.

57 [80]. V I C T O R O
    D V L C O Vι C
    IN PACLI

Victor dulc(is) vic(sit) in pace annis) LI.

58 [52].   VICTORIA
    IN PACE

Vict(ori)a in pace.

59 [40]. VIC   TOR
    A IN   PAC

Victor(i)a in pac(e).

60 [72]. ▨CIORIANVS
    IN · PACE
    ▨I C X I T (sic)
    ▨N N I S▨
    ▨I N▨

[Vi]ctorianus in pace [v]icxit [a]nnis [plus m]in(us...

61 [42].

    ▨NOCIN
    IN PAC   EVICXT (sic)
    ANNIS   SIPIE

? i]nnocen(s) in pace vicx(i)t annis septe(m).

62 [67].   LIA IN
    NOCENS IN PACE
    VIXSIT ANNIS XLXXI

... lia innocens in pace vixsit annis XXXXI; ou encore annis X, d(iebus) XXI?

63 [79]. IΛSↆ/ ▨ NA
    IN PACE

?... na in pace.

64 [84].   ↃↄVↃTV▨
    IN PACE

...? in pace.

65 [91].   ORIX I|
    VICXIT A|

... orix i[n pace] vicxit a[nnis...

66 [60].   VI
    C

vi[xit in pa]c[e].

67 [95]. ▨ IS
    IN PACE

...? fidel]is in pace.

68 [44].   IN▨

2° *Plaques de marbre.*

69.   AMATOR DVL
    CIS IN PACE
    VIXIT ANOS LXX (sic)

Amator dulcis in pace vixit an-(n)os LXX,

70.   BONITAS
☧ INNOCVS
    IN PACE VI
    XSIT ANNI
    DVL   CIS

Bonitas innoc(e)ns in pace vixsit anni(s...). Dulcis.

☩

71.   CALISTVS
DVLCE IN (sic)
PACE

☩

Calistus dulce in pace.

72.   CANPESIS
DOMITIVS
Canpesis Domitius.

73.   DONATVS
INNOCENS
IN PACE ☧

74.   EGYPT
IA DVL
CIS IN
PACE
VIXIT AN
NIS PM
XXV

Egyptia dulcis in pace vixit annis p(lus) m(inus) XXV.

75.   FAVSTINA
DVLCIS IN PACE
☧

76. FLAVV CASTRENSS DVLCS (sic)
IN PACE VVISS (sic)
ANS QVARAGNTA IIII (sic)

Flav(i)u(s) Castrens(i)s. dulc(i)s in pace vixit a(n)n(i)s qua(d)rag(i)nta IIII.

77 [77].   MANILI
SILVANI
IN PACE

? *Manili(a) Silvani (f.) in pace.*

78.   PASCASSA
IN PACE VI
XIT ANNIS
CIRCITER XVII

79.   PRIMVLVS
IN PACE

(Plaque opistographe.)

80.   SIIATIV
EƆAP NI } (sic)
VIX ANNI
SEPTAGITA
TRES MEN
SES SEPTE DIES V

Vitalis in pace vix(it) anni(s) sept(u)agi(n)ta tres menses septe(m) dies V.

81. *Puer innocens, nocens nomine, Vitalis, vicsit annis sex in pace et in refrigeri(o).*

II

DOUZE STÈLES VOTIVES

DU MUSÉE DU BARDO

DOUZE STÈLES VOTIVES

DU MUSÉE DU BARDO

Le Musée de Bardo possède[1] douze stèles couvertes de représentations compliquées, qui proviennent de l'ancienne collection
du Khaznadar à la Manouba. Généralement bien conservées,
elles sont de grandes dimensions ; quelques-unes atteignent presque 2ᵐ,50. Deux autres existent au Louvre, deux au British Mu-
seum, trois au Musée Impérial de Vienne, où elles sont depuis 1873 (nᵒˢ 166, 168, 178).

Le *Corpus inscriptionum latinarum*, qui les décrit peu exactement[2] et qui les rapproche à tort d'une stèle de Saturne[3], toute
différente, les suppose venues de Carthage. C'est une erreur,
causée par l'origine prêtée à deux d'entre elles[4], que Davis ap-
porta à Londres, et qui, on peut l'affirmer, sortirent, comme les
autres, des magasins de la Manouba. Ce sont les gens du Khaznadar qui les donnèrent comme venues de Carthage. Mais il y a
longtemps que cette origine est démentie. La nature de la pierre,
et le style des sculptures, si différent de ce qu'on voit dans la ca-
pitale et aux environs, par exemple dans le sanctuaire du Djebel-
Bou-Kournein, m'ont amené à faire enquête dans une tout autre
direction. D'après les dires de vieux Arabes qui avaient travaillé
aux transports pour le feu Khaznadar, on avait cru que ce lot
avait été apporté de la Ghorfa. C'est Gorra, qu'il aurait fallu en-
tendre. Le Djebel-Gorra est, en effet, une grosse montagne située

1. *Catalogue du Musée Alaoui*, Sculpture (section C), nᵒˢ 47 à 53.
2. *C. I. L.*, VIII, p. 145 et 1384.
3. *Ibid.*, 1009
4. *Ibid.*, 1011, 1145.

au-dessus de Teboursouk et de Dougga. Or, il se trouve, à Dougga même, une dernière stèle de la famille des nôtres, reproduisant le type du n° 56; elle forme le linteau d'une porte dans la maison dite Dar-el-Acheheb[1]. Comme cet ensemble d'ouvrages est d'un style ou d'une composition qu'on ne retrouve nulle part ailleurs, comme le calcaire est celui du pays, facilement reconnaissable, comme ces monuments ne proviennent pas de fouilles, mais ont été ramassés à la surface du sol par les pourvoyeurs du Khaznadar, il est d'abord certain qu'ils viennent de cette région, ensuite infiniment probable que ces gens les ont pris à Dougga même, et non dans la montagne, où l'accès et le transport leur eussent donné une peine qu'ils voulaient se faire bien payer, mais qu'ils ne se souciaient pas de prendre. Le tout vient donc, on peut le dire, de Thucca.

Ce groupe de monuments, dont la physionomie atteste un travail de province, issu de mains presque rustiques, est d'un aspect très singulier. Il est demeuré inexpliqué, et son explication ne paraît pas aisée. Ce que l'on voit au premier coup d'œil, c'est que ce sont des ex-voto, comme la plupart des stèles africaines : les inscriptions latines que portent six d'entre eux le disent clairement, mais ne disent que cela[2] : ROGATVS · V · S · L · A · ; — BELLIC · MAX · F · V · S · L · A ; — V · S · A · L · F · ; — L · L · V · S ; — R · V · S · L · H · ; — IJVI · J ABRV. Elles montrent cependant que les dédicants ont vécu à l'époque romaine, vraisemblablement au IIe siècle de notre ère, soit dans la période florissante de Thucca.

La composition de ces bas-reliefs est uniforme. Les uns sont plus complets que les autres, mais la donnée est la même, et le procédé partout semblable. Ce dernier point est important. La perspective, en effet, est indiquée par superposition verticale, et non en profondeur, comme dans le bas-relief romain ; les détails desquels l'ouvrier tient à attester la présence, mais qui ne se

---

1. H. Saladin, *Mission en Tunisie*, 1885 (*Nouv. Arch. des Miss.*, t. II), p. 151 et pl. II. Dans la description, p. 112, les serpents ont été pris pour une indication de vêtement.

2. *C. I. L.*, VIII, 1144, 1143; Vienne, 168; *C. I. L.*, VIII, 1142, 1011, 1145.

verraient pas dans la perspective vraie, sont figurés par lui à plat : tels les caissons d'un plafond de temple dans la plupart de ces tableaux, et un caillebotis posé dans un plancher au dessus d'une crypte, dans quelques-uns.

La composition comporte trois registres qui représentent : un temple et sa divinité ; devant, c'est-à-dire dessous, un sacrifice ; au-dessus, le ciel.

La partie centrale montre une déesse dans son sanctuaire. Ce temple n'est pas un édifice réel ; s'il figure celui du lieu, il ne le reproduit pas, au moins d'une façon constante. Car de stèle à stèle, il diffère dans presque tous ses détails. Deux fois (nos 50, 51), il est remplacé par la seule niche de la statue ; mais alors son fronton est figuré dans le fronton même de la stèle. Une autre fois (n° 54), avec cette même disposition, c'est dans la porte d'un temple *in antis* que s'encadre la divinité, et les personnages du registre supérieur sont sur deux frises superposées.

La déesse n'est pas non plus la reproduction d'une statue réelle ; car elle n'est jamais semblable. La plupart du temps debout, elle est cependant assise une fois (n° 47), peut-être deux (n° 49). Toujours vêtue, son ajustement et sa parure sont variables ; elle est pourtant, en général, diadémée ; son costume est le costume romain. Il n'est singulier que sur le n° 54, où la divinité a près d'elle un autel ; cette stèle est d'ailleurs pleine de détails spéciaux. La déesse tient tantôt un rouleau de la main gauche (nos 48, 56), tantôt les plis de sa robe des deux mains, tantôt une pomme de la main droite (n° 50), ou de la gauche (n° 57), tantôt la pomme d'une main et le rouleau de l'autre (n° 55). Son piédestal est différent de stèle à stèle ; le plus souvent une grille existe devant lui. Sur plusieurs il est décoré d'attributs sculptés, quelquefois peu distincts, parmi lesquels figurent toujours un grand vase, et la plupart du temps une ciste, une seule fois deux dauphins affrontés.

Dans le fronton du temple, que surmonte le plus souvent un pinacle en forme de lotus, le tympan est occupé fréquemment par un buste ou une tête. Tantôt soigneusement coiffée (n° 48), et tantôt les cheveux épars (nos 47, 58), cette tête, une seule fois sur-

3

montée d'une étoile (n° 58), est à peu près toujours accostée, soit
de deux patères ou *foculi*, soit de deux étoiles, soit de deux colombes. On la voit aussi remplacée par un coq, de face (n°s 49,
55, 57), ou de profil (n° 56).

La niche de la déesse est, sur plusieurs stèles, soutenue par
deux télamons ou Atlantes.

Enfin, sur deux spécimens (n°s 53, 56), dont un seul complet,
— sur trois en comptant celui qui est demeuré à Dougga, — est
un temple souterrain ou une crypte, dans laquelle un être nu,
accroupi, étrangle deux serpents : un palmier s'élève de chaque
côté de l'entrée. Dans le n° 57, cet Hercule, dont l'habitacle n'est
pas figuré, assomme de sa massue le lion de Némée, tout en portant déjà la peau de cet animal sur son bras gauche !

Tel est le sanctuaire, avec ses habitants.

Le registre inférieur représente ce qui se passe devant. C'est,
soit le sacrifice, c'est-à-dire l'homme et le taureau, soit la victime, le taureau seul.

L'inscription, quand il y en a une, ou le cartouche préparé
pour elle, est, soit à la place de cette scène, qui n'existe pas
toujours, soit aux pieds de la déesse, au-dessus des télamons.

Le registre supérieur est en relation étroite avec le fronton.
Il ne reproduit pourtant pas les ornements d'un temple réel ; car,
si le personnage qui en occupe le faîte ou le motif qui le remplace semblent bien posés sur le pinacle en forme de lotus, en
revanche les divinités placées en manière d'acrotères ne peuvent
pas y avoir été : l'une d'elles, et quelquefois deux, et un autel qui
se trouve là aussi, sont généralement sur un stéréobate. Quand
il y a de vrais acrotères, ce sont des palmes (n° 57). Ce registre
représente le ciel. Il est, en effet, sur toutes celles de ces stèles qui
donnent l'idée de quelque richesse (n°s 47, 49, 50, 52, 53, 55, 56),
entièrement semé de trous ronds, peu profonds, avec un trou
tout petit et plus creux au milieu, qui évidemment n'ont servi qu'à
fixer des ornements de métal (*bullae*), des clous d'applique, *clavi
capitati*, à tête ouvragée, dorée ou garnie de verres, — bien probablement, à cette place, des étoiles.

Dans ce ciel règne un dieu imberbe, qui n'est absent d'aucune des stèles. Sur toutes il occupe la partie supérieure et centrale; vêtu quelquefois même (n⁰ˢ 50, 51), il est tout seul. C'est un enfant, d'une tunique, qui est souvent ornée des mêmes étoiles que le ciel, on ne lui voit point de jambes, et sa forme est celle d'une silhouette triangulaire, comme celle qui, conventionnellement, représente Tanit sur les petits ex-voto de Carthage. Invariablement il tient, soit par leurs tiges, soit par l'intermédiaire d'une corne d'abondance d'où elles sortent, d'une main une ou deux grenades, de l'autre une grappe de raisin, accompagnée parfois d'une grenade ou d'un pavot. Invariablement aussi, il est accosté de deux attributs, qui sont le plus souvent deux plats ou deux *foculi* (n⁰ˢ 47, 57), ou bien deux profondes corolles (n⁰ˢ 48, 51), ou deux disques qui doivent figurer des astres (n⁰ˢ 52, 53).

En avant, c'est-à-dire au dessous, de lui, se tient une triade, qui paraîtrait lui faire une offrande sur un autel, sans lequel elle ne se présente jamais. Cette trinité se compose : d'un dieu champêtre à l'aspect dionysiaque, couronné de feuillages, tenant un tronc sommé d'une pomme de pin, et qui est généralement à la gauche du spectateur; d'une Vénus nue, placée à l'autre coin et qui a la main gauche posée sur une colonnette phallique ; d'un Amour perché sur le faîte du fronton. Généralement, la Vénus de l'autel (n⁰ˢ 47, 51, 54), est posée sur un stéréobate, un βῆμα; l'Amour et la Vénus mettent ensemble une main sur l'autel, et le premier, de l'autre main, tient le bâton du dieu champêtre.

Plusieurs fois l'Amour manque. Il est alors remplacé par une pierre conique sortant du lotus, — lequel cependant fait défaut une fois (n⁰ 48), — ombragée par une grande acanthe (n⁰ˢ 47, 48). En pareil cas, la Vénus élève au-dessus de l'autel une pomme ou une couronne.

Dans le n⁰ 52, où l'Amour figure, le dieu champêtre tient d'une main un grand rosier chargé de fleurs; dans le n⁰ 53, un arbuste semblable s'élève au-dessus de la colonne phallique. Dans le n⁰ 48, où l'Amour est remplacé par le cône, le dieu champêtre ou bacchant, au lieu de son espèce de thyrse, porte un canthare; lui et Vénus tiennent chacun un rosier.

Dans le champ entre toutes ces représentations se meuvent presque toujours différents animaux, qui semblent s'approcher du dieu, un lièvre et une colombe (n° 47), deux colombes (n°s 51, 55, 57), un coq tenant un serpent dans son bec (n° 52). Enfin la Vénus souvent et le dieu bacchant parfois sont accostés de deux colombes posées sur leurs épaules. Une fois même (n° 53), le dieu principal offre le même détail.

Le fronton de la stèle est généralement occupé par des figures sidérales. Le Soleil, représenté par un disque radié à face humaine; la Lune, représentée par une tête de femme coiffée du croissant, y accompagnent, à droite et à gauche, un symbole divin composé d'un croissant qu'embrasse une corolle, un *foculus*, un disque, ou une face (n°s 57, 58), encadrée dans une couronne. Car souvent (n°s 52, 53), cette face, dépourvue du croissant, est enveloppée de deux serpents enlacés. Une fois seulement (n° 48), c'est un Jupiter, armé de son foudre, qui est supporté dans le croissant; mais sur cette stèle, la Lune manque, et dans le ciel, tous les personnages et emblèmes sont négligemment faits et placés.

Telles apparaissent, dans leurs parties d'ensemble, les douze stèles du Musée du Bardo. Quelques détails sont à noter : les palmes à l'entrée du temple (n°s 54, 50, 51); les deux dauphins (n°s 54, 50); dans ce dernier monument, les palmes sont emmanchées dans ces espèces de caducées qu'on voit, ornés d'un fleuron terminal, sur les stèles carthaginoises à Tanit.

Les trois stèles du Musée Impérial de Vienne, dont je dois la communication à l'obligeance de M. R. von Schneider, rentrent, naturellement, dans les types précédents, avec quelques détails qui ne sont pas sans intérêt.

Le n° 178, brisé par en bas, montre la déesse assise dans le temple, les télamons au-dessous, la tête aux cheveux épars dans le fronton, et, dans le ciel, le même panthéon que notre n° 49.

Le n° 168 est brisé par en haut. La déesse y est debout, au-dessous sont les télamons; devant le temple, le sacrifiant, prenant le taureau par une corne, tient une masse dans la main droite; dans le ciel, le dieu est accosté de deux coqs, et l'Amour est porté sur les mains unies de la Vénus et du dieu bacchant. Sur le socle sont les lettres V · S ᴧ A · L · F ·

Dans le n° 166, la déesse tient la pomme. En avant du temple, le sacrificateur et la victime, mais en plus l'autel; et l'Amour, qui n'est pas dans le ciel, où les sujets sont les mêmes que dans notre n° 49, sauf que la Vénus et le dieu champêtre portent en main deux grands rosiers en fleurs.

Les deux monuments du Louvre sont parmi les moins grands, et conséquemment les moins riches en détails; mais ils ne sont pas les moins curieux.

Le premier est de ceux où la niche seule est figurée, et les caissons du plafond du temple sont *au-dessous*, particularité extrêmement importante. La déesse tient la pomme de la main gauche, et, dans la droite, elle avait une *bulla*, sans doute un astre, peut-être fait d'une gemme, car c'est la seule applique de ce genre dans toute la stèle. Dans le ciel, il n'y a que le dieu tenant la grappe et la grenade, accosté de deux colombes. Au dessus de lui est le croissant embrassant une corolle, accosté de deux autres corolles.

L'autre stèle représente le temple, la déesse dans la niche tenant la pomme, et dans le fronton le buste, qui est la bouche ouverte et couronné de fleurs. Dans le ciel, il n'y a que le dieu ordinaire, accosté de deux corolles. Quant au couple de la Vénus et du dieu bacchant, il est reporté au bas de la stèle : le mâle tient un gros canthare au-dessus duquel la femelle étend une main; à droite et à gauche, un caducée punique surmonté d'une palme. Devant est le taureau. Enfin, dans le fronton de la stèle, se voit, enfermé dans une couronne, un triscèle tout à fait semblable à celui qui, des anciennes monnaies de Sicile, a passé jusque dans les armes actuelles de ce royaume.

Pour terminer cette description, qui ne saurait être trop minutieuse, il faut noter que, dans toute la série, on trouve des stèles, qui, en haut du fronton, et quelle que soit la composition qui garnit le ciel, portent un dernier motif, soit une acanthe (n° 52), soit le croissant, comme sur la première stèle du Louvre. Enfin les *clavi* ou *bullae* devaient être de plusieurs modèles; car les trous faits pour les recevoir sont d'aspect assez différent : il y en a de trois ou quatre formes, et de dimensions diverses. Il est aussi à remarquer que presque toutes ces stèles présentent, sur leurs bords, des pertuis obliques traversant l'arête de la pierre, destinés manifestement à y suspendre quelque chose; il y en a généralement une paire aux deux bouts du fronton du temple. Ces ouvrages grossiers de sculpture étaient donc richement décorés.

Peut-on, avec quelque assurance, déterminer et leur nature, et les personnages divins qui s'y voient? Je le crois possible en partie; et voici, d'un côté, quelques résultats sûrs, et de l'autre des hypothèses que je donne très provisoirement. Il est, je pense, légitime d'en faire, puisqu'il s'agit de monuments qui n'ont point de pareils connus, et sur lesquels par conséquent on ne peut raisonner d'aucune autre manière.

Ce groupe de stèles, si homogènes et d'un aspect si spécial, n'a guère jusqu'ici, d'analogues. D'autre part, s'il ne porte pas le nom de la divinité, c'est qu'on n'a pas voulu le donner. Les ex-voto à nos déités africaines débutant toujours par le nom de celles-ci, comme en général toute offrande, et spécialement celles à Caelestis, à Saturne, ou à un dieu local, c'est-à-dire le plus souvent à Saturne avec un surnom. Il s'agit donc ici, probablement, d'un culte dans lequel, ou d'une cérémonie à l'occasion de laquelle, le rituel ne permettait ni de nommer le dieu, ni de désigner l'acte, ou tout au moins les dévots aimaient mieux ne pas le faire. Par conséquent c'est un culte à mystère, ou du moins une dévotion qui en emprunte la physionomie. Ce sera, parmi les religions d'importation, parmi ces superstitions dont les pratiques, venant de l'Orient, se répandirent, aux trois premiers siècles, dans les provinces occidentales par le moyen de vraies missions, de mystes isolés ou en groupe qui portaient avec eux l'enseignement et le matériel de leurs rites, qu'il faudra

chercher. Malheureusement ces religions sont nombreuses ; il a
dû même y en avoir plus que nous n'en connaissons. Toutes n'ont
pas eu une grande fortune, comme celle de Mithra. Toutes surtout n'ont pas laissé des monuments figurés assez clairs et assez
nombreux pour permettre des rapprochements utiles. Et pourtant
il suffit qu'un obscur mystagogue, espèce de marabout men-
diant, ait implanté l'une d'elles, individuellement, dans un coin
de la Tunisie, pour quelques années seulement : et voilà une série d'ex-voto inattendus, inexplicables ! Ajoutez que l'imagerie,
sinon le culte, se sera altérée au contact des croyances antérieures, nul ne peut dire dans quelle mesure. Enfin ces religions
elles-mêmes étaient, bien avant d'arriver jusqu'à la lointaine
Thucca, modifiées de mille manières, confondues les unes dans
les autres, s'empruntant figures et pratiques, et retournant par
là à leur point de départ. Presque tous les cultes à mystères, en
effet, ont, au fond de leur dogme, l'adoration des forces natu-
relles dans leur révolution annuelle. Une déesse, quelquefois dé-
doublée, ou un couple, un amant ou époux divin, quelquefois
fils de la déesse, qui meurt ou souffre, qui renaît et triomphe :
telle est généralement la fable. Une orgie, une théophanie, une
purification : telles sont généralement les épreuves. Il y a appa-
rence que les stèles de Dougga sont des ex-voto de fidèles, et
non de prêtres comme celles dédiées au Saturne de Tounga ; pas
plus qu'il n'est question du dieu, il n'est parlé de sacerdoce. Seul,
un sacrifice est montré. Quant au caractère du culte, il paraît res-
sortir de la disposition même du sanctuaire. Cette crypte où un
dieu se présente sous la figure d'Hercule enfant étouffant les serpents ; cette divinité aux pieds de qui sont une corne et une ciste ;
cette tête jeune dans le fronton ; ces télamons qui soutiennent la
cella : tout paraît indiquer, avec une mise en scène insolite, le
même sentiment religieux, la même catégorie de conceptions et
de mythes.

Un coup d'œil suffit pour juger que nous n'avons là pleine-
ment les symboles ordinaires d'aucun des cultes à mystères. La
déesse principale n'a ni la couronne tourellée de la Grande-Mère,

ni les flambeaux de Cérès ; elle ne peut être confondue ni avec
Bacchus ni avec Mithra. Rien ne correspond uniquement à l'une
des grandes dévotions africaines connues, à Saturne, à Caelestis,
à Esculape, à Hercule.

Le n° 54 est frappant à tout point de vue. La déesse du
temple, coiffée de la *mitella* ou du diadème, vêtue d'une robe
talaire à grands sinus, a près d'elle un autel, ou du moins une
colonnette à étages de grandes feuilles, terminée par une pomme
de pin, — si ce n'est le feu qu'a voulu faire l'artiste, — et autour
de laquelle peut-être s'entortille un serpent. Le sanctuaire occupe
toute la stèle, sous forme d'un temple *in antis*, dont la porte est
ornée de deux palmes. Au-dessus du linteau se voit un entable-
ment très décoré, dans lequel une frise à deux registres porte les
personnages divins qui, sur d'autres stèles, occupent le ciel. Au-
dessus est le fronton, où paraît le croissant accompagné de deux
dauphins et une rosette à chaque angle. La scène figurée devant
ce temple ne nous montre ni la victime seule, ni le sacrificateur
l'empoignant par une corne comme dans le n° 47, mais un autre
moment de la cérémonie. Ce taureau est devant l'autel ; et le dé-
dicant, un panier pendu au bras gauche, danse en agitant de la
main droite un grand *crepitaculum*, variété du sistre que nous
exhumons fréquemment des sépultures africaines.

Il faut tout de suite rapprocher ce n° 54 d'un autre monument
du Musée [1], connu et publié sous le nom de stèle taurobolique
d'El-Lehs. Les télamons s'y retrouvent en Atlantes anguipèdes,
et les Dioscures assistent à l'acte religieux, comme sur le n° 54.
Dans celui-ci en effet, le registre supérieur de la frise porte le
dieu céleste ordinaire ; et l'intérieur nous montre une espèce
d'androgyne, nu à mi-corps, assis, tenant d'une main un tronc
ou une branche de pin terminée par un cône, et de l'autre une
poignée d'épis ; il est accosté des Dioscures ; à ses pieds, sur un
socle, est la pierre conique dans la fleur de lotus.

La parenté avec la stèle d'El-Lehs est frappante. Si celle-ci,

---

1. *Catalogue du Musée Alaoui*, Sculpture (section C), n° 128.

comme l'ont cru ses premiers éditeurs, représente bien un taurobole, notre n° 53 en représentera aussi un. Bien qu'il soit, malheureusement, brisé, il montre encore, à droite et à gauche de
l'Hercule du souterrain, d'une part le reste du taureau, de l'autre
le reste du personnage soutenant sur la tête l'objet dans lequel,
sur la stèle d'El-Lehs, on a cru distinguer un crible.

Mais c'est justement ce détail qui a fait attribuer le monument d'El-Lehs à cette mystique cérémonie. Le sacrificateur
tient un couteau pour égorger le taureau; et l'autre personnage
a semblé n'avoir été figuré comme enfoncé à mi-corps dans la
terre que pour indiquer qu'il est dans un sous-sol, ou tout au
moins en contre-bas dans une fosse. L'objet qu'il porte sur la
tête a paru être le crible à travers lequel il va recevoir la pluie
sanglante. Mais tout est si mal fait, tant sur cette stèle que sur
notre n° 53, que ce peut être aussi bien un panier contenant une
offrande quelconque. En outre, nous avons, notamment dans
Prudence, des descriptions de cette sorte de purification : il y est
parlé, non d'un crible, mais d'un treillis, d'une grille, d'un plancher percé de trous établi au-dessus de la fosse. L'attribution de
la stèle brisée d'El-Lehs à un taurobole n'est donc pas certaine.

On pourra se demander encore pourquoi le personnage au
crible ne figurerait qu'une fois sur nos monuments, si l'acte qui
motive sa présence est précisément l'occasion de leur érection ?
Mais on répondrait, d'abord, que la partie inférieure, où il est,
manque à trois de nos ex-voto, ensuite que le caractère taurobolique peut ne pas être marqué uniquement par la présence du
crible. Le grillage placé, dans les n°s 48 et 56, au-dessous de la
statue de la déesse, n'est vertical que par la même raison qui a
fait relever aussi le plafond du temple pour montrer ses caissons.
C'est afin qu'on l'aperçoive : on peut du moins faire cette suppo-
sition. Bien plus, dans la première stèle du Louvre, on revoit les
caissons de plafond figurés sous la statue, en bas de l'édifice, ce
qui ne peut avoir existé. Ne croira-t-on pas que c'est une faute
de l'ouvrier, qui a mal traduit l'indication de son modèle, lequel
appelait simplement un caillebotis. D'ailleurs, quand même ces

stèles ou du moins une part d'entre elles ne se rapporteraient point au taurobole, ce ne serait pas une raison pour qu'elles n'appartinssent pas au même culte : cette cérémonie n'était pas la seule dans laquelle on offrît la *maxima taurus victima* du poète.

L'identité de l'acte religieux reproduit sur elles et sur celle d'El-Lehs prête, en effet, à une autre objection, qui doit paraître la plus grave. Sur notre n° 47 et sur le n° 166 de Vienne, l'arme du sacrificateur est indiscutablement une masse, et non pas le couteau. La victime va donc être assommée, et non pas égorgée comme dans le taurobole. [De plus, sur la stèle d'El-Lehs, il y a deux acteurs distincts, le sacrificateur et le personnage au soi-disant crible ; sur les deux autres, on n'en voit qu'un, l'immolant.

Ainsi l'on ne peut être sûr que la stèle d'El-Lehs rappelle un taurobole ; et par contre les stèles de Dougga ne visent pas, sauf peut-être une, la même cérémonie qu'elle. Toutefois, il semble certain que le tout appartient au même culte ; la présence des Atlantes, l'offrande du taureau, le personnage portant un objet sur sa tête paraissent caractéristiques.

Dans tous les cas, c'est une religion modifiée, qui a pactisé avec les idées et les cultes qu'elle a trouvés en arrivant. L'étude du panthéon qui occupe son ciel, étude qui donne des résultats certains, en fournira de curieuses preuves.

On remarquera avant tout que, s'il existe une unité dans la composition, un groupement autour de la déesse, une espèce de subordination de cet Olympe, à la maîtresse du sanctuaire, ce-pendant la préoccupation du sculpteur a été surtout de n'omettre rien ni personne, de faire entrer dans son ouvrage, par images ou par emblèmes, tous les êtres divins qu'il veut lui associer. Sur les plus riches de ces stèles, on voit un effort véritable pour n'en laisser de côté aucun. Par exemple, quand la Vénus du ciel est absente (n°s 50, 57), ou qu'elle ne tient pas la pomme (n° 55), cet attribut est dans la main de la déesse du sanctuaire. Le cône om-bragé d'une acanthe, les branches de rosier, sont replacés, s'ils manquent dans le ciel, et parfois répétés lors même qu'ils y fi-gurent, en bas, au-dessus du sacrificateur (n° 47, et Vienne, 168).

Dans le n° 166 de Vienne, l'Amour, bien que remplacé dans le ciel par la pierre conique, est ajouté en bas, auprès de l'autel; et sur la seconde pierre du Louvre, c'est le couple de ses parents qui est ainsi réintroduit. Il est vraisemblable que plusieurs des objets placés autour des figures célestes ne se rapportent pas directement à elles, mais ont pour but de rappeler d'autres personnes ou d'autres noms divins.

Ce panthéon semble avoir pour base la triade carthaginoise, plus ou moins altérée, conformément sans doute au mythe de la Grande-Déesse, et il est teinté de cabirisme. Les dévotions d'importation, amenant avec soi chacune sa fable, ses mystères, son onomastique, sa plastique, le tout bien éloigné déjà du caractère primitif, rencontraient, au IIe et au IIIe siècles, la religion africaine imprégnée d'apports antérieurs par des cultes que la mode avait amenés ou conservés, — tel celui des Cabires sous la forme que lui avait donnée l'amalgame des Cabires phéniciens et des Cabires de Samothrace, puis le mélange de ce mythe avec ceux des Cabires béotiens et étrusques, puis la fusion de toutes ces traditions, d'où était né le cabirisme si confus de l'époque impériale. Ces apports eux-mêmes avaient trouvé la religion de Carthage quelque peu travestie par l'introduction, déjà vieille, d'abord de l'imagerie grecque, puis de la nomenclature latine. Il ne faut pas perdre de vue qu'à l'âge où les mythes sont loin de leurs origines, où il n'en naît plus, où leur sens et leur nationalité se perdent, c'est par les mots et les figures que le vulgaire les interprète, les adopte, les apparente, les fusionne. Ces analogies extérieures ont vraisemblablement contribué plus que tout au syncrétisme singulier dont témoigne le panthéon de nos stèles.

Une idée les domine, celle du nombre *trois*. Il est à penser que c'est elle qui a donné naissance à la figure triangulaire sous laquelle les religions puniques aimaient à représenter leur divinité principale, figure que l'on retrouve ici plus ou moins altérée. Dans tous les cas, c'est elle qui, partout où, au lieu d'une triade, une seule divinité revêt la forme humaine, la fait flanquer d'attributs par paire. Ces attributs ne sont pas de petits ornements, et il importe d'en dire un mot. Astres, disques, patères, *foculi*, corolles, rosettes même sont, à cette place, des équivalents : il est aisé de s'en convaincre en observant que, sur nos stèles, comme du reste sur une infinité de monuments, ils permutent couramment les uns avec les autres. Placés de même, accompagnant les mêmes figures divines, ils jouent manifestement le même rôle, qui, ailleurs, a pu devenir uniquement décoratif, mais qui ne l'est pas, certainement, ici. On n'y a presque pas une divinité isolée qui ne soit accostée ainsi. L'Hercule même, dans son souterrain, est ainsi doublement escorté sur la stèle restée à Dougga. La déesse, dans sa niche, a presque toujours, à droite et à gauche de sa tête, soit une *bulla* comme celles du ciel (n°ˢ 55, 57, 58), soit le trou d'insertion d'un *clavus* d'une autre forme (n°ˢ 47, 48, 49, 53, 54). Ces couples — d'étoiles, je suppose, — se répètent souvent encore aux côtés de sa niche (n°ˢ 47, 49, 53, 55, 56, 57, 58), indépendants des autres *clavi* qui garnissent parfois tout le chambranle; on les revoit même sur le piédestal, à droite et à gauche des instruments du culte (n° 49). Sur une stèle, le n° 51, qui n'a pas de *bullae*, deux corolles accostent le dieu céleste, deux autres la déesse du temple. On ne va pas tarder à voir que ces compagnons des grands dieux, et particulièrement de la déesse du temple, ces astres accouplés, sont, sans doute, les Gémeaux. Enfin, c'est bien uniquement et clairement l'idée de triade que le sculpteur a voulu rappeler par le τρισχήλιον qui surmonte une des stèles.

C'est donc la triade punique qui apparaît au-dessus du temple. Le dieu vêtu d'une nébride, couronné de feuillages et de grappes, avec son canthare et son thyrse, est un Saturne champêtre, figuré en espèce de Bacchus, comme il est figuré en espèce de Sylvain dans le *sacrarium* du Métroon d'Ostie; c'est Baal-Hamon sous une des formes du Frugifer[1]. La Vénus est une Tanit, et l'Amour, ou sa pierre conique, occupe la place principale.

1. Sur l'identification de Dionysos avec Baal-Hamon, voy. F. Lenormant, art. *Bacchus*, ap. Saglio, *Dict. des Ant.*, t. I, 2ᵉ partie, p. 599.

Au-dessus, nous avons une autre transcription de la triade. Le dieu central, le roi de ce ciel, est Eschmoun tenant les biens de la terre, sous forme des emblèmes correspondant aux deux autres divinités.

Au dessus, nouvelle traduction de la triade. Le *Genius* entouré de serpents est entre le Soleil et la Lune.

Quant au croissant de Caelestis, qui termine plusieurs de nos monuments, il est presque de style en haut des stèles africaines, quelle que soit leur destination.

La triade est donc ici conçue comme donnant au troisième personnage, à l'Enfant, la prééminence sur le dieu mâle et le dieu femelle. S'il restait quelque doute, il suffirait de regarder la stèle n° 168 de Vienne où tous deux l'élèvent sur leurs mains. Si l'équivalence des figures qui le représentent ne paraissait pas évidente, qu'on examine notre n° 52. Là, en effet, cette équivalence est graphiquement accentuée : en bas, sur le fronton, est la fleur de lotus, en haut de la stèle, l'acanthe ; entre les deux, à la place qu'occuperait la pierre conique, s'étagent, l'une au-dessus de l'autre, trois personnifications.

Il en est de même pour les divinités, mâle et femelle. La grenade, puis le masque lunaire ; la grappe, puis le masque solaire, sont en ligne au-dessus de l'un et de l'autre. Il y a parallélisme entre les trois séries de figures. Le n° 53 donne la même disposition.

L'équivalence des trois triades est encore mieux attestée par les stèles où elles fusionnent. Dans les n°s 55 et 56, c'est l'Eschmoun triangulaire qui est sur la fleur de lotus, à la place de l'Éros et entre ses parents. Dans le n° 56, il est nu, androgyne, il remplace l'Éros ; et c'est bien toujours lui, car il tient la grappe et la grenade.

Ces habitants du ciel, dans les stèles de Dougga, sont donc la triade ordinaire avec Eschmoun pour dieu suprême, représentée en même temps sous son aspect punique, sous sa forme sidérale, et sous son déguisement gréco-romain.

Avant de descendre du ciel dans le temple, remarquons un

fait en passant. Eschmoun — si c'est bien lui, comme M. Ph. Berger, que j'ai consulté, le pense avec moi — n'est pas là seulement à titre de troisième membre et chef de cette triade. Il y est aussi comme Cabire. C'est en cette qualité qu'il est escorté des Dioscures. En effet, si l'observation générale qu'on vient de faire est juste, c'est lui, ou un équivalent, qui est sur la frise du n° 54 entre ces deux dieux au-dessous de la silhouette triangulaire. D'autres bas-reliefs africains le montrent également entre eux sous leur forme stellaire, et l'on a vu plus haut quelles sont les répliques de celle-ci. Un fait frappant vient attester encore ces échanges de symboles. Nos n°s 57 et 58 montrent, au-dessus de l'Eschmoun, une face encadrée d'une couronne et posée dans un croissant. Quel que soit cet équivalent du dieu central dans la triade supérieure, il paraît bien que c'est là une forme plus anthropomorphique d'un symbole très connu : le disque dans le croissant. Or, nous trouvons ce même symbole dans nos n°s 49, 50, 56, mais le croissant embrasse tantôt une corolle, tantôt un *foculus*. L'équivalence de tous ces attributs, à certaines places, avec les astres, les disques ou les faces sidérales, n'est donc pas spéciale aux Dioscures ; c'est une permutation courante. Sa connaissance peut être d'un grand secours pour l'étude des bas-reliefs africains.

Tout le monde sait que l'Eschmoun primitif est le huitième, et le principal, des Cabires phéniciens. On n'ignore pas non plus que, dès l'époque grecque, les Cabires, même sur les monnaies des villes de Syrie, sont réduits à deux et identifiés aux Dioscures. Ils viennent d'autant mieux se placer, en Afrique, aux côtés de l'ancien chef du groupe que l'Étrurie a fait passer dans l'imagerie italique son mythe des *trois* Cabires, où le plus jeune occupe la place d'honneur, et où les autres revêtent précisément la livrée des Dioscures.

La divinité du sanctuaire a été prise, dans quelques descriptions, pour un homme. C'est une femme : les boucles d'oreilles qu'elle porte sur les n°s 50, 54, sa coiffure, très reconnaissable sur les n°s 50, 52, 57, ne peuvent laisser aucun doute. La cou-

tume a induit nos devanciers en erreur[1]. Mais c'est celui des
déesses-mères, des déesses-reines, des matrones de l'Olympe,
que le sculpteur rustique a voulu lui donner.

Ses attributs sont franchement ceux d'une divinité chthonienne.
Les soutiens de sa *cella* ne sont pas des télamons quelconques.
La forme d'Atlantes anguipèdes qu'ils revêtent à El-Lehs attes-
terait que ce sont les Géants ; et alors la crypte devient une image
de l'Enfer, et la déesse devrait être leur mère Rhéa-Gê. Nous
serions en présence d'une *Magna Mater*.

Mais Cybèle s'est-elle jamais vue avec le *volumen* en main ?
Cet attribut est l'apanage exclusif d'une autre déesse. C'est le
θεσμός, le rouleau de la loi, que porte Cérès Legifera. La déesse
sera donc une Cérès ; la tête du fronton, si c'est celle d'une
femme, — ainsi qu'on doit le croire, au moins pour les n°ˢ 47, 48,
58, — pourra être une Proserpine.

Dans tous les cas, cette divinité, qui n'a l'ensemble des attributs ni de Cérès ni de Cybèle, participe de l'une et de l'autre, et
réunit précisément les caractères qui sont communs à l'imagerie
des deux cultes. A l'époque de l'Empire romain, les mystères
devenaient de plus en plus syncrétiques. Le culte de la Grande
Mère fut des plus élastiques et des plus complaisants. Accueilli
ou rejoint, quand il courut le monde, par des conceptions analogues à son mythe, des pratiques analogues à ses rites, des be-
soins religieux analogues à ceux qu'il croyait satisfaire, ou même
seulement des dévotions voisines avec qui il cohabita, il se laissa
pénétrer par ces éléments étrangers, facilement assimilables. On
a remarqué comme en maints lieux, et surtout à Ostie, il est
teinté de mithriacisme, Mithra ayant son *sanctuaire* non loin du
sacrarium métroaque. Son affinité, allant jusqu'à la confusion,
avec les rites de Bacchus et de Sabazius, a frappé tous les érudits[2].

D'un autre côté, il y a bien longtemps, à l'époque de nos stèles,
que Γῆ χθονία et Δημήτηρ χθονία sont absolument identifiées ; Dé-

---

1. Voir C.-L. Visconti, *Monumenti Ostiensi* (*Annali*, 1869, p. 240-241).
2. C.-L. Visconti, *1 Monumenti del Metroon Ostiense* (*Annali*, 1868, p. 404,
409, etc.).

méter, parèdre de Dionysos, est confondue avec Cybèle ; or, c'est
avec Dionysos qu'elle se présente thesmophore ; enfin les mystères
des deux déesses sont en quelque sorte identiques, c'est le même
drame divin qui se joue sous des noms différents ; et, ce qui est
plus important encore, l'imagerie est toute pareille. Le matériel
et les symboles sont les mêmes. Notre déesse a donc beau jeu à
réunir en elle des emblèmes pris à toutes deux : comme elles deux,
elle est la Terre.

Quel est son nom ? Probablement Cérès. Mais il est difficile de
le dire sans hésitation. C'est la même chose pour tous ces dieux.
Dans le ciel des stèles, par exemple, il est vraisemblable que les
triades superposées, dont l'équivalence est partout énergiquement
accusée, portaient cependant plusieurs noms : chaque figure avait
le sien. On ne serait point étonné que la déesse, au lieu d'une
Cérès, fût simplement Tellus, avec les attributs de Cérès et de Cybèle. Les Africains paraissent avoir aimé à la faire entrer dans
des groupes nombreux, où coexistent plusieurs des dieux qui se
retrouvent sur nos stèles : des inscriptions mettent ensemble Saturne, Nutrix, Jupiter, Tellus, Hercule, Vénus, Mercure et Tes-
timonius[1], honorés tous à la fois dans le temple de Nutrix par un
même sacrifice de huit victimes diverses. La Terre personnifiée
portée par les Atlantes est familière à l'art de l'époque impériale :
elle figure ainsi dans une célèbre mosaïque de Palerme[2].

Quel que soit le nom sous lequel elle était adorée ici, le syncrétisme de ses dévots ne s'est pas contenté de lui donner des attributs de Cérès et de Cybèle. La religion africaine n'a jamais
adopté de dieux qu'en les assimilant à ses vieux dieux puniques.
L'Africain sacrifie à la Grande Mère, ou à Cérès, ou à Tellus, ou
à telle autre divinité qui est la première dans le temple où il va,
dans les mystères auxquels il s'initie ; mais en elle il voit aussi
sa Grande Déesse à lui, Tanit-Vénus-Caelestis. Et la preuve, c'est
qu'il lui met la pomme dans une main, la pomme que n'ont ni

1. *C. I. L.*, VIII, 8246, 8247.
2. *Bullettino*, 1870, p. 8.

Cybèle ni Cérès, toutes les fois que la Vénus céleste qui se trouve au-dessus du temple ne tient pas elle-même ce fruit.

Ce sentiment le conduira aux assimilations les plus hardies, fondées tantôt sur une analogie réelle de personnes ou de culte, tantôt sur une ressemblance occasionnée par les images. Dans les stèles de Dougga on le voit très marqué, et doublé du besoin d'y faire entrer tous les grands dieux de son pays. C'est en tenant compte de ces deux éléments, et de la confusion qui existe entre les mythes de Cybèle et de Cérès, tous deux mêlés à celui de Bacchus, qu'on peut, je crois, tenter d'analyser les monuments par le détail.

Nous avons vu que le panthéon du ciel est la triade carthaginoise avec l'enfant pour dieu suprême, sous toutes ses formes, et sans doute sous toutes ses dénominations, et que la déesse du temple est la Terre sous un de ses noms, lequel ne nous est pas donné, mais avec certains attributs de la Grande Mère, de Cérès, et occasionnellement de Vénus.

Le sacrifice, nous l'avons vu aussi, n'est probablement pas le taurobole métroaque. Cette cérémonie, d'ailleurs, n'était plus caractéristique; on en était venu à l'offrir en l'honneur de toutes ces divinités, même Caelestis[1]. Ce n'est pas non plus celui de l'initiation aux mystères de Cérès, car on y présentait des porcs; le Musée a plusieurs monuments de ce culte, tantôt d'assez bon style romain[2], qui montrent des prêtresses, tantôt d'un art tout indigène[3], où l'on voit l'offrande des porcs, des fruits et des pains. Ce n'est même pas le sacrifice le plus ordinaire à la Terre, qui exigeait le plus souvent soit un porc, soit une brebis. C'est simplement l'immolation d'un bœuf, la *victima major*, qui d'ailleurs se sacrifiait aussi à Déméter. Il semble même, sur le n° 54, qu'il vienne en liberté à l'autel comme la victime des Éleusinies. D'autre part, la danse sacrée avec le *crepitaculum* a bien l'aspect orgiastique qui caractérise les deux cultes; et le costume du sacri-

1. *C. I. L.*, X, 1599.
2. *Catalogue du Musée Alaoui*, Sculpture (section C), nᵒˢ 122 et 123.
3. *Ibid.*, n° 14.

4

fiant, ce *subligar* qu'il a pour tout vêtement (n° 47, Vienne, 166), rappelle exactement celui du personnage figuré en Sylvain, en Saturne rustique, dans le pavement du Métroon d'Ostie[1]. Quant aux *instrumenta*, il se peut que, pas plus que le sacrifice, ils ne rattachent nos monuments à des mystères. Ce serait, non pas à ce titre, mais comme attributs ordinaires, comme déterminatifs des déesses de la Terre, que la ciste et le vase figureraient ici.

Les emblèmes cabiriques, prodigués de toutes manières, pourraient n'avoir pas d'autre sens. C'est en effet comme Cabires que les Dioscures, qui avaient déjà leur place, d'ailleurs, dans les mystères de Déméter, ayant été initiés à Agrae, escortent et la Mère des Dieux et la Cérès des époques postérieures[2]. De là leur présence sur la stèle d'El-Lehs et sur notre n° 54. D'autre part, on l'a vu, sous leur forme stellaire, ils accompagnent normalement Eschmoun. Il n'en a pas fallu davantage pour que les couples d'astres, ou les équivalents qui les rappellent plus ou moins, fussent répétés sur nos stèles, auprès des grandes divinités. Ils y deviennent, pour ainsi dire, de style, un peu comme les deux colombes, escorte naturelle de la Vénus-Tanit, dont la religion africaine honore cependant aussi les déités qu'elle lui rattache. L'Eschmoun triangulaire, le buste du fronton les montrent, tantôt avec le couple d'astres (n° 52), tantôt à sa place (n° 47). On reparlera tout à l'heure de ce fronton et de ce qu'il renferme; mais si le buste est celui d'une Coré, il y a là, comme pour la pomme mise dans la main de sa mère, un exemple de plus de prise de possession de la personne divine étrangère par le panthéon africain.

Les ressemblances véritables, profondes, entre les mythes des différents mystères, les similitudes ou seulement les analogies d'imagerie qu'ils offraient, ont facilité les identifications populaires. Le cycle dionysiaque grec de l'Italie méridionale, d'où est venu le Bacchus romain, a mis en scène Déméter, Coré, Dionysos et un Éros hermaphrodite : il n'est pas loin de l'Olympe

---

1. *Monumenti*, vol. VIII, pl. LX, fig. 3.
2. Cf. le *Dictionnaire des Antiquités grecques et romaines* de M. Saglio, s. v. *Cabiri*, p. 768 et fig. 908 et 909.

de nos stèles (n°s 52, 53, 56), et touche d'autre part à la triade italique : Cérès, Liber et Libera. Ce dernier couple, si honoré en Afrique, c'est Iacchos et Coré, ou mieux encore Coros et Coré, qu'il est aisé de reconnaître dans le Bacchus et la Vénus de notre ciel. Cette première transcription de la triade punique n'est donc que sa forme bachique, où l'Amour joue le rôle du petit Iacchus, du nourrisson divin.

Si cet Éros s'identifie avec l'Eschmoun, dieu principal, il ne faudra pas oublier qu'Iacchus s'identifie aussi avec Plutus, qu'il porte alors la corne d'abondance, comme ici notre Eschmoun. Il est difficile de douter qu'il n'y ait, sur nos stèles, un vrai accaparement des personnages du cycle de Bacchus et de Cérès par la triade punique. Mais les membres de celle-ci n'en demeurent pas moins Baal-Hamon-Saturne, Tanit-Vénus et Eschmoun. Ils reparaissent sous toutes leurs formes. L'Africain a mis là tous ses dieux.

Il n'est pas jusqu'à son Melkarth qu'il n'ait trouvé moyen d'introduire. Ce n'était pas fort difficile, puisqu'il se traduit en Hercule. Or Héraclès a appartenu à la légende des déesses chthoniennes : il a été chercher Proserpine aux Enfers. Il figure dans le cortège de Cérès ; lui aussi a été initié aux petits mystères à Agrac. D'ailleurs, c'est le seul de ses dieux, que grâce à des analogies extérieures, l'adorateur du panthéon punique puisse envoyer dans le monde inférieur. Il n'a pas de vraies divinités infernales, et il en faut avec cette Tellus, ou cette Grande Mère, ou cette Cérès.

Le culte de Cybèle auquel cette déesse emprunte, c'est en effet celui de l'époque romaine, tel que l'orphisme l'a fait depuis longtemps, tel que l'étroite alliance avec les rites de Sabazius l'a rendu. Sur la stèle n° 54, le personnage assis dans la frise, entre les Dioscures, tenant des épis et un thyrse, peut bien s'inspirer de l'image du Triptolème des mystères de Cérès. Mais il rappelle encore plus l'Attis de ceux de la Grande Mère. Il semble androgyne ou eunuque, il élève le bouquet d'épis, il s'appuie sur un bâton à pomme de pin, la pierre conique est à ses pieds. Placé ainsi dans la ligne des répliques de l'Éros-Eschmoun, il ne ressemble pas mal au buste des stèles n°s 52 et 53, qui n'a pas l'air d'être un buste de femme. Ainsi l'on aurait, dans le fronton, tantôt une Proserpine et tantôt un Attis, suivant que le sculpteur se serait inspiré plutôt du cycle de Cérès ou de celui de la Grande Mère.

Il va sans dire que ce sont là des conjectures, et je n'en garantis que l'assez grande vraisemblance.

Dès lors l'Hercule, enfant de la crypte avec ses serpents, n'est-il pas, pour nos Africains, l'Attis souterrain des mystères? Et la face encadrée de serpents au-dessus de la silhouette triangulaire ne peut-elle pas être Eschmoun jouant le rôle de l'Attis céleste? Le mythe de la Grande Mère est envahi comme celui de Cérès. Sur plusieurs stèles en effet les serpents sont remplacés par une guirlande, et le tout posé dans un croissant (n°s 57, 58). N'est-ce pas là le même dieu dans la fonction très caractéristique de μηνοτύραννος, qui est une de celles d'Attis-Mên et du parèdre de Sabazius? Une raison de reconnaître Attis dans le buste de certains frontons est que ce buste est remplacé, dans d'autres, par le coq. Or le coq, à cette place, ne saurait être celui qu'on offre à Déméter. C'est celui que Cybèle et Attis ont apporté perché sur leur ciste, dans laquelle se trouve le serpent; c'est celui qui, chez les Romains, est l'emblème même d'Attis.

Ainsi de quelque part que viennent les personnes ou les symboles, ils sont tous adaptés aux idées antérieures. Rien n'est plus conforme à l'esprit de la religion africaine que cette fusion des dieux d'importation avec ceux de son panthéon propre. Dans quelque ligne qu'elles les prenne, elle fait toujours plus ou moins d'eux de simples hypostases des siens, qu'elle ne perd jamais de vue, quelque figure qu'ils revêtent. Il n'en est pas autrement d'eux, au IIe, au IIIe siècle de notre ère, qu'il n'en fut, quelques siècles plus tôt, des Olympiens gréco-romains qui ont servi aux premières transcriptions. De même que la déesse du temple, tout chthonienne qu'elle est, sera — ce qui paraît impossible —

---

1. C.-L. Visconti, *Mon. del Metroon Ostiense* (*Annali*, 1868, p. 408-410).

en même temps Caelestis, pour l'Africain, parce qu'elle est la
Grande Déesse, de même il revoit dans les autres ses divinités
familières. Le Cronos champêtre, père d'Attis, le Bacchus parèdre
de Cérès ou de Proserpine, auxquels il sacrifie, n'en sont pas
moins pour lui Baal-Hamon-Saturne-Frugifer, père d'Eschmoun.
La Proserpine nourrice ou mère d'Iacchos et de Ploutos, ou
d'Iacchos-Ploutos, et parèdre de Dionysos, c'est encore sa Tanit-
Vénus-Caelestis. Il n'a pas de peine à reconnaître dans l'Attis
aux Enfers son Melkarth; dans l'Attis céleste, μηνοτύραννος ou
porteur des dons de la terre, son Eschmoun, qu'il reverrait aussi
dans l'Iacchos des mystères de Cérès. De là vient l'éclectisme
absolu, le syncrétisme plus que latitudinaire dont il fait preuve.
Les dogmes le troublent peu ; et, figurant une déesse de la Terre
à laquelle il prétend faire le plus grand honneur, il lui donne
tous les attributs que les déesses de cette nature comportent,
sans trop s'inquiéter d'où ils viennent. Pour les accorder, il a, lui,
une unique interprétation; au milieu de ces mythes, il possède
un infaillible fil conducteur. Il y trouve en même temps la jouis-
sance de grouper une masse de dieux, ou plutôt de figures divines, ce qu'il paraît avoir beaucoup aimé, témoin les nombreuses
occasions où on le voit rendre hommage en même temps à toute
une liste de noms divins. C'est probablement ainsi que Jupiter
est entré sur la stèle no 48. Pour le trouver uni aux divinités du
sanctuaire, il ne fallait pas chercher loin : le Zeus Idéen accompagne Rhéa-Cybèle et Attis sur des monuments bien connus.
Quant à la place qu'il occupe dans le croissant, elle n'est peut-
être pas correcte; mais cette stèle, visiblement, est entachée de
fautes d'ouvrier, ce dont témoigne l'absence de la Lune en pendant à la face solaire.

Ce mélange des mythes, la confusion des personnes divines,
les identifications plus ou moins vagues étaient facilités par les
communautés d'emblèmes, surtout de symboles animaux. C'est

1. C.-L. Visconti, *Monumenti Ostiensi* (*ibid.* 1869, p. 235) ; *Monumenti*, IX,
pl. VIII, no 2.

par les yeux que le vulgaire reçoit d'abord la religion ; c'est par les yeux aussi, d'ailleurs, que l'initié reçoit la révélation dans l'époptie et l'autopsie. Comment n'apparenterait-on pas, même dans un ciel où roses et colombes rappellent soigneusement l'empire de Vénus-Caelestis, ces êtres divins qui, tous, ont avec eux le coq ou le serpent, et souvent l'un et l'autre ?

Si vraiment les Dioscures ont ici le caractère cabirique, on sait que, dans le monde gréco-romain, le coq leur était consacré, et qu'eux-mêmes, à l'occasion, sont figurés par deux serpents.

Le coq est une des offrandes que Cérès agrée. Pour le serpent, chacun connaît le rôle prépondérant dont il s'acquitte dans ses mystères.

De même Cybèle et Attis viennent avec le serpent dans leur ciste, le coq posé sur le couvercle.

Quant à Eschmoun, on ne doit pas oublier que c'est un agatho-démon, et tout autant le génie local de Byrsa que le grand dieu céleste. Aussi le serpent lui appartient. Des bas-reliefs de l'âge punique le montrent sans autre attribut, et accosté de deux étoiles, évidemment les Gémeaux, les Dioscures-Cabires. On l'a fondu avec Esculape. Si celui-ci, qui, hors de sanctuaires spé-ciaux, est à peine un dieu en Grèce, et surtout à Rome, s'assi-mile, en Afrique, au premier des dieux, il l'a dû, je pense, à son serpent, et aux images qui le montraient assis, le reptile à côté de lui, trônant comme les Cabires. Or Esculape introduit le coq, sa victime traditionnelle : voici Eschmoun en possession du ser-pent et du coq comme les autres.

La communauté d'attributs amène naturellement l'enchevêtre-ment des idées. Le populaire n'est pas très difficile sur les rap-prochements ; l'analogie visible lui paraît tout de suite l'expres-sion d'une identité véritable. Dans les assimilations vagues qu'il ne se donne pas la peine de creuser, le même être divin répond à tout ce qui porte les mêmes symboles. Rien n'empêche son Eschmoun d'être, à la fois ou séparément, et plus ou moins com-plètement, le vieux génie local, le troisième membre de la triade, même déguisé en Éros, et le suprême dieu céleste, et néanmoins le grand Cabire, Esculape, puis le dieu jeune des mystères, un Iacchus, un Plutus, au besoin un Attis. L'Africain le reconnaît toujours par sa place et son rôle dans les groupes divins, tout autant que par les emblèmes qu'il partage avec ses doublets.

Ainsi, les stèles en question paraissent consacrées à une divinité tellurique, soit Tellus pourvue d'attributs fournis par Cybèle et Cérès, soit Cérès, caractérisée par la présence du *volumen*, mais très fortement imprégnée d'éléments pris à la Grande Mère. A moins de mettre au jour le *titulus* même du sanctuaire, à supposer qu'il y en ait eu un, on ne doit pas sans doute espérer connaître son nom par un texte : s'il avait à nous être dit, il le serait sur ces monuments-ci, offrandes riches et solennelles.

De même pour le sacrifice. Nous voyons seulement qu'il résulte d'un vœu, qu'il consiste en un bœuf, et que probablement il n'a rien de taurobolique. Là encore il faut s'arrêter : la scène même du taurobole n'est, que je sache, représentée sur aucune œuvre d'art connue.

Par contre, un point certain, c'est que nos stèles ne sont pas de provenance carthaginoise : elles viennent de la région de Thucca, probablement de cette ville même.

La pierre d'El-Lehs, très vraisemblablement, appartient au même culte. Mais le sacrifice qu'elle rappelle n'est pas celui des stèles, au moins de la plupart des stèles, de Dougga.

Dans celles-ci, le panthéon qui garnit le ciel est la triade punique avec Eschmoun pour grand dieu, répétée sous toutes les formes, et avec des déguisements appropriés au mythe de la déesse.

Le syncrétisme, l'assimilation des personnes divines par leurs caractères extérieurs, y sont poussés aussi loin que possible. En même temps les figures de dieux sont multipliées à plaisir. Mais le tout se fait au profit des vieilles divinités puniques. On voit une vraie mainmise, de leur part, sur les attributs, sur les mythes, sur l'essence même des dieux nouveaux venus. C'est manifestement à eux que le fidèle rapporte, en dernière analyse, ses sacrifices et son adoration ; car c'est eux toujours qu'il retrouve au fond de tous les cultes qu'il suit.

Chemin faisant, une observation très curieuse s'est présentée. Nous avons constaté que les paires d'emblèmes, à certaines places, se substituaient aux paires d'étoiles. Ces paires d'étoiles sont unanimement reconnues comme étant les Gémeaux, par conséquent comme traduisant, remplaçant par équivalent, une figure anthropomorphe. Or les disques, les *foculi*, les corolles, les patères, les roses mêmes permutent avec elles couramment. D'autre part, isolés, ces symboles remplacent aussi une figure dans un cas des plus importants, sur le croissant, où la face divine, le disque, le *foculus*, la corolle alternent capricieusement. Ce sont donc des équivalents, non seulement les uns des autres, mais de l'astre, et même de l'image d'une divinité sidérale. Dans le cas spécial des Dioscures, ils servent, sans doute par suite d'une dévotion cabirique, à les rappeler sur nos stèles, partout auprès des déités principales.

Enfin une dernière remarque, et assez piquante, est à faire. Ce rouleau de la loi, le *volumen* que Cérès introduit ici en pays phénicien, en plein panthéon sémitique, y a eu sa lointaine origine. Si Fr. Lenormant a raison, le θεσμός n'est qu'une traduction de la Thorah chananéenne, la Loi de l'univers personnifiée dans la déesse syrienne Houscharth, dont les Thébains firent leur Harmonia, épouse de Cadmos, l'ordonnateur, couple divin venu de Phénicie. La tradition béotienne voulait que Cadmus eût établi lui-même, dans sa maison, le premier sanctuaire de Déméter Thesmophoros, d'où son culte passa, par la suite, à Athènes. Si donc la Cérès des bas temps se trouve porter le *volumen* sur des stèles dressées en Afrique par des populations de religion punique, c'est parce qu'une aïeule directe, qui leur est sûrement inconnue, a été proclamée, tant de siècles avant, par les fils des colons cadméens, gardienne de l'idée sémitique de la Loi éternelle et divine par laquelle le monde est régi.

Pl. I.

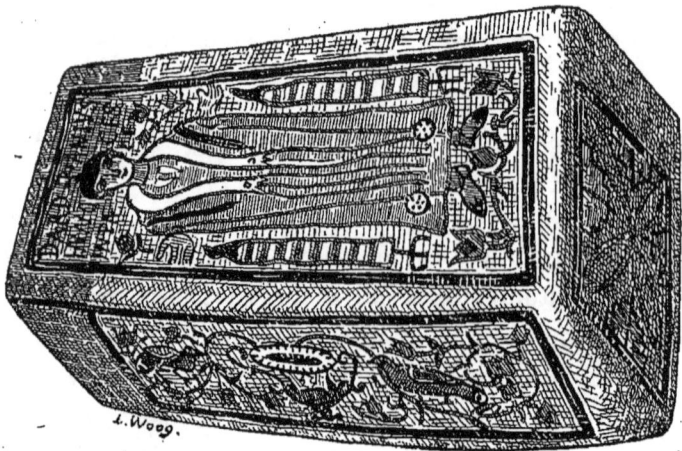

1 [39]

5 [56]

2 [41]

6 [57]

3 [48]

4 [51]

MOSAÏQUES DE THABRACA

Pl. II.

7 [61]

8 [62]

12 [83]

9 [64]

10 [66]

11 [67]

MOSAÏQUES DE THABRACA

Pl. IV.

4 [50] [51] 6 [52]

STÈLES DU BARDO

Pl. III.

1 [47]　　　2 [48]　　　3 [49]

STÈLES DU BARDO

Pl. V.

7 [53]   8 [54]   9 [55]

STÈLES DU BARDO

Pl. VI.

10 [56]   11 [57]   12 [58]

STÈLES DU BARDO

Pl. VII.

STÈLE D'EL-LEHS